KB220804

마음이 힘든 날에도

나는
나를 지키고 싶다

강지윤 지음

마음이 힘든 날에도

나는
나를 지키고 싶다

문득문득
우울한
나를 위한

마음 챙김
가이드

그로우웨일

마음의 문을
닫아 걸고 있습니까?

닿지 않은 미지의 땅, 나의 마음 깊은 곳을 들여다본다.

마음의 문을 열어, 그 안으로 들어가기 위해 출발 지점에 서 있다. 이제 우리는 내 마음의 다양한 풍경을 감상하고 때로는 감격하고 때로는 놀라워할 것이다. 마음이 부서져 못났다고 생각하던 자신에 대한 인식이 변화하고 자아의 심연에서 나오는 힘을 발견하게 될 것이다.

인생은 때로 어려움과 상처로 가득하다.

마음은 어려움에 직면할 때 취약해질 수 있다. 거듭 상처를 받으면, 마음이 부서져 내리고 무력해진다. 마음의 아픔은 어두운 터널 속에 갇힌 느낌을 주기도 한다. 그러나 나의 마음은 또

다시 치유되고 성장을 거듭하는 놀라운 우주다. 무한의 땅이다. 마음을 강화하고 성장시키기 위해서는 자기 이해, 자기 보기, 그리고 긍정적인 변화에 대해 열린 자아를 발견해야 한다. 마음을 탐험하는 여정의 시작이자, 내면의 조명을 켜기 위해 한 발을 내디뎌야 한다. 함께 걷는 이 여행에서 우리는 마음 깊은 곳에서 나오는 힘과 용기를 발견하게 될 것이다.

모든 것은 마음먹기에 달렸다.

하지만 마음을 먹는 것이 쉽지 않아서 문제다. 열 길 물속은 알아도 한 길 사람 속은 알지 못한다는 속담처럼 타인의 마음도 알기 어렵지만, 자신의 마음도 정확히 모르는 경우가 많다. 설령 안다 해도 자신의 의지로 마음을 바꾸기 쉽지 않다.

수많은 인간관계에서 날마다 생채기가 생기고 아물지 않은 생채기 때문에 마음은 왜곡된 생각을 만든다. 누군가에 대해 오해를 쌓고 오해를 받는다. 자신의 마음을 표현하는 것도 어렵다. 마음을 잘 표현해야겠다고 생각하면서 오히려 엉뚱하게 표현하여 관계를 더 어렵게 만들기도 한다.

내 마음을 잘 들여다보고, 내 마음을 잘 컨트롤하는 것이 가능할까.

내 마음이 원하는 것을 잘 알아차리고 마음이 원하는 대로 가게 할 수 있을까. 마음이 마음대로 되지 않아서 우리는 늘 돌부리에 걸려 넘어지고 깨진다. 넘어지면서 상대의 무심한 태도를 보고 피 흘리고 있는 나를 외면한다고 오해하며 외로워한다. 외로움이라는 무인도에 갇혀 마음도 닫아 버린다. 그리고 모든 관계에서 단절을 선언한다. 그렇게 많은 시간이 흐른 후 마음을 여는 방법을 잊어버리게 된다. 자신의 왜곡된 생각이 병든 마음에서 계속 스며 나온다는 것을 알아차리지 못한다.

치유를 도운 서른 몇 해의 시간을 돌이켜보니, 나는 다양한 마음의 아픔을 가진 사람들과 함께 마음을 탐험해 왔다는 것을 깨달았다. 이 여정에서 마음을 치유하기 위해 함께 눈물을 흘렸고, 피 묻은 유리 파편을 깊은 곳에서 파내었다. 그 상처가 나으면서 마음에서 번져 나오는 눈부신 빛을 보며 탄성을 질렀다. 모든 사람의 마음속에 흘러 다니는 수많은 색채의 이야기가 무지개가 되어 너와 나의 마음을 연결하는 다리가 될 것이라고 믿는다.

이제 마음의 문을 열고 나가자. 그러면 자기 이해와 자기 사랑을 통해 내면의 아름다움을 찾아낼 것이다. 이 글을 통해 나를 찾아가는 동안 서로에게 영감을 주고받으며, 함께 성장하고 치유하는 과정을 경험하게 될 것이다. 잃어버린 희망과 삶의 미소를 찾아나갈 것이다. 마음의 문을 열고, 함께 여정을 시작해 보자.

차례

프롤로그
마음의 문을 닫아 걸고 있습니까? 4

PART 1

마음이 자꾸
우울하다고 말할 때

오래된 외로움에 익숙해져 있나요 15

왜 일어나지 않을 일까지 미리 생각해? 21

마음이 건조해지기 전에 32

나에게만 행복이 비켜 가는 것 같아요 38

내 마음에 요동치는 감정의 파도, 분노 45

마음 카운슬링 행복은 기다려야 온다 49

PART 2

내 마음이 파놓은

부정적인 생각의 함정

내 마음을 찌르는 사람은 바로 나였어 55

남과 비교하는 심리는 인생의 행복을 멀어지게 한다 59

약한 마음 다독여 주기 65

나의 불행한 마음은 누구의 탓일까 71

나는 왜 이럴까, 저 사람은 왜 저럴까 75

마음 카운슬링 남들의 시선을 벗어난 마음의 자유 88

PART 3

상처로 채색된
마음

내 마음을 흔드는 오랜 트라우마 95

'거짓 착함'을 버리고 진정한 나를 만나자 102

버림받을까 두려운 내 마음의 굳은살 111

이제 사랑해도 괜찮을까 122

남들보다 뛰어난들 뭐 하겠어? 130

마음 카운슬링 나를 아낌없이 사랑하는 마음으로 141

PART 4

흔들림 없이
나를 사랑하는 마음

당신의 슬픔에도 위로가 필요하다 147

두려움을 이겨내야 내면의 아름다움이 피어난다 156

마음의 상처를 치유하는 온유한 사랑 164

아픔의 시간을 넘어서서 성숙하고 빛나는 나를 찾아서 170

나는 내 인생의 주인공이다 180

마음 카운슬링 나는 나를 사랑하기로 결심했어 188

에필로그
마음의 문을 열고 다시 걸어가는 당신에게 194

PART 1

마음이 자꾸
우울하다고 말할 때

오래된 외로움에
익숙해져 있나요

　　타인과의 복잡한 관계 속에서 상처받은 수많은 사람이 '나 혼자'의 삶을 선택하고, 외로움을 느끼기도 하지만 자신의 길을 씩씩하게 살아가고 있다. 모든 외로움이 다 나쁜 것은 아니다. 외로움 속에서 예술과 창의성이 키워지기도 한다. 그러나 외로움에 익숙해지는 것은 조심해야 한다. 좋은 징조가 아니다. 무의식의 저편에서는 외롭지 않으려고 발버둥 치거나, 함께하려는 삶을 포기하려는 마음이 크게 자리 잡았을지도 모른다. 혼자 밥을 먹어도, 혼자 잠을 자도 감정을 느끼지 못할 정도로 심한 억압이 자신을 누르고 있을지도 모른다.

나의 부모님은 나이가 많으셨고 동생들은 터울이 컸다. 내성적이었던 나는 마음을 터놓을 친구도 없었다. 그래서 늘 외로웠다. 외로움이 죽을 만큼 심해지자 나도 모르게 살기 위해서 외로움을 느끼지 않도록 감정을 마비시켰다. 그러자 문득문득 불행감은 더 심해졌고, 더 무기력해졌다. 그 외로움이 우울증을 만들었고 고립하게 했다. 너무 오래되어 익숙해진 외로움은 잦은 병치레로 나타났다.

어느 날 고열에 시달리며 누워 있던 작은 방 안에 햇살 한 줌이 뾰족한 칼날처럼 내 몸과 마음을 찌르며 스며들었다. 그 날카로운 경험을 지금도 잊을 수 없다. 따사로운 햇살이 칼날이 되다니. 말도 안 되는 역설이었지만 허약해질 대로 허약해진 마음에 부드러움 바람이 스치기만 해도 칼날에 베인 듯한 상처가 생겼고, 햇살 한 조각에도 온몸과 마음에 날카로운 핏빛 상처로 새겨졌다. 무의식 속에 갇힌 그 외로움이 지독한 우울증이 될 수도 있다는 것을 오랜 시간이 지난 후에야 깨달았다.

마음이 왠지 무겁고 힘들어진다면, 무심히 지나가는 익숙한 외로움을 붙잡아 펼치고 탐색해 봐야 한다. 그 속에 어떤 의미와 느낌이 있는지 살펴야 한다. 지독한 외로움이 내면에 연기처럼 피어오르는지 살펴보아야 한다. 이것을 알아차려야만 자신이 빛나고 가치 있는 존재라는 것을 깨닫게 된다.

외로움이라는 감정을 잘 다루고 나면, 우울한 경험이 마냥 나쁜 것만은 아니라는 사실을 알게 된다. 우울증을 겪었던 사람은 이후의 인생을 더욱 깊이 있게 살 수 있다. 타인의 아픈 마음도 더욱 잘 이해할 수 있다. 그래서 더욱 아름답고 고귀하고 행복한 사람으로 살 수 있다.

그러나 우울의 증상이 해결되지 않으면 미성숙의 상태로 늙어갈 것이다. 우울한 감정 속에 담긴 분노를 여과 없이 표출하면서 가까운 사람들을 괴롭힐 수도 있다. 그래서 자신의 내면을 성찰하고, 너무 깊어져 느끼지 못하는 외로움을 알아차려야 하는 것이다.

소외감에 갇히지 마세요

오래된 외로움은 관계 속에서 타인과 감정적 거리를 만들어 스스로 소외감을 만들 수 있다. 그러면 오래 전의 숨겨진 외로움과 현재의 고립감이 합해져서 더 힘들어진다. 혼자만의 세계에 머물며 다른 사람과 감정적 교류가 부족해지면 소통의 부재로 외로움이 더욱 깊어질 것이다. 그렇게 시간이 지나면 기존의 인간관계에도 균열이 생겨 소중한 친구나 가족과의 연결이 끊어져서 정신 건강을 해치게 된다. 그러면 내면에는 부정적인 정서와 생각이 점점 차오르게 되고, 사람들과의 소통이 어려워지고 외부 활동을 피하게 되면서 소외감이라는 감옥에 갇히게 된다.

우리의 마음은 때론 강하면서도 때론 매우 약해서 쉽게 부서진다. 부서진 마음엔 치유의 시간이 필요하다. 손가락에 난 작은 생채기에도 빨간약을 바르면 점차 살이 차오르며 낫듯이 마음에도 빨간약을 바르고 기다리는 시간이 필요하다. 작은 상처에는 조금만, 큰 상처에는 좀 더 오래, 조급하지 않게 천천히 기다리면 된다.

내 마음의 탐색을 시작하자

모든 인간은 실존적이고 원초적인 외로움이 있다. 사랑하는 가족이나 친구가 옆에 있다 해도 결국 혼자라는 사실을 깊이 자각하는 순간을 맞이하게 된다. 인생에서 하나의 큰 다리를 건넜다고 생각하는 순간, 혼자 남겨진 것 같은 외로움에 닿게 된다. 그 외로움을 채우는 것은 어쩌면 나와 신의 관계에서 채워야 하는 절대적 영역일 것이다.

익숙해져서는 안 되는 '외로움'은 병적 외로움으로, 어린 시절 당연히 받아야 할 사랑과 관심, 그리고 돌봄을 받지 못한 사람들이 겪게 되는 외로움을 말한다. 이런 감정이 영혼의 밑바닥에 가라앉아 있다면, 언제나 묵직한 외로움과 기분 나쁜 어두운 감정에 맞닥뜨리게 된다. 그리고 '나는 왜 이렇지? 왜 이렇게 힘들지? 나는 이상한 사람 같아…'라는 생각이 강박적으로 들게 된다.

기쁘고 행복한 미래를 꿈꾸며 준비해야 하는 시기에 어두운 우울감과 싸워야 한다면 인생은 퇴행하고 반복되는 자괴감과 자책감에 시달리게 된다.

'내가 그때 그러면 안 됐었는데.'

'아, 바보같이 왜 그때 그런 선택을 했을까?'

'좀 더 열심히 공부했어야 했어.'

이미 지나간 시간을 되돌릴 방법은 없다. 그런데도 계속해서 지나간 시간에 집착하고 후회를 반복한다.

자, 이제 자신의 내면 깊은 곳을 탐색해 보자. 무엇이 당신을 그렇게 외롭게 했는지, 자책하게 만드는지, 무엇이 그토록 부끄럽다고 느끼게 만드는지 살펴보자. 인간은 내면을 아는 만큼 가벼워지고 자유로워진다. 힘들다고 마음 탐색을 게을리하면 평생 묵직한 불행감 속에서 살게 될 것이다. 결코 벗어날 수 없는 '묵직한 불행감'을 버리러 떠나야 한다.

왜 일어나지 않을 일까지
미리 생각해?

생각이 너무 많은 사람이 있다. 성향에 따라 모든 걸 단순하게 생각하는 사람이 있지만, 감정이 풍부하고 성격이 예민한 경우 생각이 더 많아지는 것 같다. 생각의 방향도 서로 연결되어 한 가지 생각이 꼬리에 꼬리를 물고 일어난다. 그 생각의 꼬리가 희망이 있는 쪽으로 이어지면 좋겠지만, 대부분은 부정적으로 흘러 불안이나 우울감을 깊어지게 한다.

"왜 일어나지 않을 일까지 미리 신경 쓰며 생각해?"

아주 오래전 친구가 나에게 물었다. 그 친구는 비교적 생각이 단순하고 쾌활하고 늘 긍정적이었다. 그것이 늘 부러웠지만 이해하기는 힘들었다. 친구의 단순한 사고와 활발

한 태도는 많은 친구를 불러 모았다. 다른 사람을 별로 신경 쓰지 않는 무신경함이 참 특이해 보였고, 한편으로는 부러웠다. 친구와 나를 비교하며 스스로 문제가 많은 아이라고 진단하며 자기 비난을 계속했다.

생각이 많아지면 스트레스가 더욱 커지고 불안한 마음도 커진다. 생각들은 대부분 정리되지 않은 채 무의식의 골방에 처박혀 머릿속은 쓰레기장이 된다. 그러면 말할 수 없는 감정의 더미 속에서 자책감이 심해진다.

한 내담자가 이렇게 말했다.
"저는 친구들 모임에 갔다 오고 나면 한동안 너무 힘들어요. 친구들이 했던 말 하나하나 곱씹어 보고 내가 했던 말 하나하나 되새기면서 내가 잘못 말한 건 없는지 파고들어요. 그리고 어떤 친구가 했던 말을 반추하면서 '걔가 그런 말을 한 건 무슨 뜻일까? 혹시 나를 욕하고 있는 건 아닐까?'라고 생각하고 또 생각하고…. 억지로 생각을 안 하려고 해 보지만 내 뜻대로 안 돼요. 너무 남의 눈치를 보며 사는 사람인가 봐요. 그래서 어떨 때는 조금 만만해 보이는 친구에게 용기를 내어 전화를 걸어 내가 혹시 잘못 말한 건 없었냐고 물어보기도 해요. 매번 그러니까 친구들도 내가 소심하고 자잘한 걱정거리가 많은 성격이라고 단정 지어 버렸어요. 어떤 부분은 조금 억울하기도 하고, 창피하기도 하고…. 저도 이런 제가 너무 창피하고 싶어요."

때로는 강박적으로 꼬리를 문 생각으로 시간을 허비하기도 한다. 계절이 변하면 계절이 변했다고 생각이 많아지고, 비가 오면 비가 와서 생각이 많아진다. 긍정적이고 희망적인 생각이 많으면 괜찮다. 하지만 대부분은 현실이 암울하다는 것을 전제하고 흐르는 부정적인 생각들이다. 그래서 생각이 많아질수록 불안도 커지게 된다. 불안을 일으키는 부정적인 생각을 어떻게 멈춰야 할까.

부정적인 생각과
열등감의 상관관계

열등감이 있으면 자존감은 낮고 부정적인 생각이 자연스

럽게 내면에서 흘러나온다. 부정적인 생각이 많아지면 열등감이 더 커지는 악순환이 일어난다. 모든 사람이 어느 정도의 열등감을 가지고 있지만, 열등감이 너무 심하면 살아가는 데 큰 영향을 미치고 삶이 너무 힘들다고 느끼게 된다.

지혜 씨는 모임 자리에서 언제나 머리가 아플 정도로 생각하고 또 생각하는 버릇이 있다. 생각의 방향은 늘 모임에 참석한 사람들이 자신보다 더 예쁘고 사랑스럽고 멋지다는 생각으로 흘렀고, 그 생각은 항상 좌절감을 느끼게 하며 자기 비하로 빠지게 한다.

열등감은 사람의 마음을 가장 많이 파괴하는 무서운 강적이다. 그 무엇으로도 이길 수 없다. 스스로 열등감을 내려놓고 타인과 비교를 멈추지 않으면 점점 더 강력한 적이 되어 자신의 모든 것을 무너뜨리려고 쳐들어온다.

열등감 때문에 자신을 무시하는 듯한 태도나 말에 쉽게 화가 치솟지만, 정작 자기 자신을 한없이 비하한다. 이것은 자신에 대한 이중적인 태도이다. 낮부터 이어진 생각들을 밤에도 내려놓지 못해 불면증에 시달리기도 한다. 사람들

의 자신에 대한 태도, 낮 동안 있었던 수많은 일에 대해 뾰
족한 생각들이 날카롭게 파고들어 뇌가 쉬지 못한다. 머
릿속에 너무나 복잡한 생각에 얽혀 있으니 쉽게 잠에 들지
못하는 것은 당연한 일이다. 잠들지 못하는 긴긴밤의 고통
이 언제 끝나게 될까.

고통의 순간에 찾아온
마음속 감정의 소용돌이

한 친구가 보이스피싱 사기를 당해 큰돈을 잃었다. 그는
너무 괴로워서 약 일 년간 수면제와 항우울제를 복용하며
힘든 시간을 견뎌야 했다. 그런 일을 당하고 나면 돈을 잃
은 것보다 더 힘든 것은 자신의 어리석음을 질책하는 '자기
비난'이 시작되기 때문이다.

나도 오래 전 사기를 당한 적이 있었다. 내가 매우 신뢰했
던 한 친구로부터의 배신이었다. 그때 매일매일 단 1초도
쉬지 못하고 생각에 빠져들었던 것 같다. 그 강박적인 생

각은 잠을 못 자게 했고, 여러 달 동안 이어진 불면증에 내 마음은 초췌할 대로 초췌해졌다. 죽을 것 같은 고통이 내 몸과 마음을 덮쳤다. 그렇게 쉴 새 없이 캄캄한 생각에 빠질 수 있다는 사실이 놀라웠다.

'그 친구가 그럴 사람이 아니야.'

'이건 뭔가 잘못된 거야.'

'경찰에서 뭔가 잘못 알았겠지.'

'나한테 어떻게 그런 짓을 할 수 있지? 내가 얼마나 잘해 줬는데.'

'사람이라면 그럴 수 없어. 어떻게 그런 사악한 짓을?'

'이건 현실이 아니야. 꿈일 거야.'

그러나 수많은 사람이 오랫동안 그 사기범에게 피해를 입어 왔다는 사실이 밝혀지면서 나는 이 사건을 기정사실로 받아들이게 되었다. 그러자 새로운 생각들이 성난 파도처럼 몰려왔다. 사기꾼이라고는 생각할 수 없는 예의 바르고 지적인 모습, 부드러운 말투, 그 모든 것이 나를 속이기 위한 거짓이었다는 사실에 분통이 터졌다.

내 마음은 산산조각이 났다. 그렇게 마음이 무섭게 깨질 수 있다는 사실이 놀라웠다. 친구라고 믿었는데 배신을 당하게 되면 사람의 마음은 지옥이 된다. 진정한 친구라고 한 점의 의심도 없이 마음을 주고 친절을 베풀고 어려울 때 힘이 되어 주었는데 내게 보여준 모든 행동이 나를 기만하고 편취하려고 한 가식이었다니, 믿을 수 없었다.

단 한 순간도 진실은 없었던 것일까. 우리가 나눴던 대화, 함께 웃었던 맑은 웃음까지 모든 것이 허무했다. 시간이 거꾸로 흐르고 별 소용도 없는 생각이 꼬리를 물고 일어나며 마음을 짓눌렀다. 일순간 나는 바보가 된 느낌이었다. 분노가 불일 듯 일고 난 다음엔 자책감에 시달렸다.

'그때, 내가 조금만 정신 차리고 판단했더라면 속지 않았을 텐데.'

'난 바보야. 한 번 좋게 보면 좀 이상한 점이 발견되어도 끝까지 좋게 보려 한 내 잘못이야.'

'나는 좋은 사람이라고 인정하면 곧바로 이상화해 버리지. 내 성격이 그런데 어쩔 거야.'

'속은 사람이 나뿐만이 아니잖아? 그럴 수밖에 없었어. 누구라도 속았을 거야.'

자책과 합리화의 감정이 소용돌이치면서 극심한 정신적 통증이 오랜 시간 마음을 지독하게 괴롭혔다. 사람에게 기만을 당하고 사기를 당했던 그 경험은 비슷한 고통을 호소하는 사람들을 깊이 이해하는 계기가 되었다.

모든 사기꾼은 사람의 마음을 이용한다. 일확천금을 꿈꾸다 사기범에게 걸려든 사람들도 있겠지만 대부분의 피해자는 오랫동안 믿었던 친밀한 사이에서 일어난다. 사기범들의 사기행각은 참혹한 범죄 행위다. 마음을 주고 신뢰했던 사람들을 정신적으로 죽이고, 그다음으로는 신체적인 병을 가져오게도 한다.

그런 사건을 겪은 후 생각이 더 많아졌다. 사람을 만나면 예전에는 무조건 좋은 점만 보고 좋아했지만 그 사건 이후에는 의심부터 하게 되었다. 쉽게 친구가 되지도 못했다.

'이 사람은 뭘 숨기고 있을까?'

'이 사람이 지금 보이는 모습이 진짜 모습일까?'

'지금은 좋아 보이지만 이면에 사악한 모습은 없을까?'

'나를 이용하려고 하지는 않을까?'

시간이 많이 흐르고 난 후, 나는 보다 정확하게 사람을 보려고 노력한다. 그렇다고 해서 무조건 나쁘게 보려고 애쓰

진 않는다. 사람의 마음과 중심은 오직 신만이 아는 영역
이라 아무리 정확하게 보려고 해도 모두 보이지는 않는다.
그러나 한 번의 극심한 충격과 통증이 사람에 대한 정확한
통찰력을 키워 주었다.

회복되는 시간이 오래 걸렸지만 그러는 동안 불면증은 치
료되어 있었고, 나는 또다시 사람을 사랑하고 신뢰할 수
있게 되었다. 비록 완벽하지는 않지만 내 마음이 좋은 사
람 나쁜 사람을 알아차리는 속도와 느낌을 좀 더 명확하게
인지하게 되었다.

나쁜 일이 모두 다 나쁘진 않았다.

머릿속 복잡한 생각을
정리하는 법

너무 생각 없이 사는 사람도 있다. 그러면 주위 사람들이
힘들어한다. 어쩌면 저렇게 생각 없이 사는지 속으로 비난
하기도 한다. 그러나 생각이 너무 많아지는 것도 힘든 문
제를 생기게 한다. 낮 동안에도 업무에 집중할 수 없고 멍

한 상태로 일상을 보내게 된다. 감성적이고 예민한 사람은 관계를 중요시하고 관계에서 상처도 잘 받는다.

이런 성격이 좋지 않다고 생각하거나 열등하다는 편견에서 벗어나길 바란다. 이런 유형의 사람들은 다른 사람의 마음을 읽어주고 아낌없이 사랑을 베풀어 주는 타입이다. 그러나 스트레스에 취약하면 마음이 급변해서 화내거나 짜증을 심하게 내기도 한다. 이런 섬세한 유형의 사람들은 장점이 많지만, 자기 자신을 비난하거나 자책이 심하다는 것에도 주의해야 한다.

이런 사람은 자신이 상처를 잘 받기 때문에 모든 사람이 그렇다고 단정 짓기 쉽다. 그래서 자신의 행동이나 말 한 마디에도 자책하며 다른 사람에게 잘못한 것이 없는지 쉴 새 없이 생각한다. 이것은 긍정적이기도 하고, 아주 부정적이기도 하다.

성찰과 반성은 좋은 습관이다. 그것이 긍정적인 깨달음으로 간다면 그 사람은 훨씬 좋은 사람이 될 것이다. 그러나 관계 안에서 일어나는 모든 일을 끊임없이 생각하면서 괴로움과 자책으로 이어진다면 자아를 퇴보시키고 자신의 마음은 갈 길을 잃어버리게 만든다.

만약 마음속에 과부하가 걸릴 정도로 쉴 새 없이 생각으로 가득 찬다면 종이를 꺼내어 길게 심호흡을 한 후 그 생각들을 적어 보는 것이 도움이 된다. 종이에 적힌 내용을 읽다 보면 대부분 생각의 방향이 어둡고 부정적일 가능성이 크다. 그러면 의도적으로 생각의 끝을 행복한 방향으로 재설정하고 다시 적어 본다. 일주일에 한 번이라도 행복할 수 있는 생각을 찾아보고, 행복한 순간의 상황을 상상해 본다. 의식적으로 하는 상상이 행복한 방향으로 맞춰지기만 하면 기분과 감정이 좋아져서 생각도 긍정적으로 흐르게 된다.

빨리 좋아져야 하고, 빨리 성공해야 하고, 빨리 해내야 한다는 조급함에서 벗어나야 한다. 자신의 삶을 관조하다 보면 자유롭고 가벼워진다. 타인과의 비교 심리에서 욕심과 채워지지 않는 욕구에서 자유로울 수 있다면 우리의 마음과 정신은 생각이라는 뾰족한 가시에 찔리지 않고 편안해질 것이다.

마음이
건조해지기 전에

그날이 그날 같다는 말이 있다. 새해가 되고 1월이 지나면 순식간에 봄, 여름, 가을 그리고 겨울이 되고 다시 새해가 온다. 마음이 느끼는 시간은 나이별로 다를 것이다. 세월이 가고 나이를 먹을수록 일상은 더 빠르게 흘러가는 느낌이다. 하루가 가고 한 달이 가고 계절이 지나가는 동안, 우리의 일상은 별 생각이나 느낌 없이 익숙해진 채 반복된다. 빠르게 지나가는 일상에서 하루에도 수없이 마음에 파도가 일어나지만, 사소한 상처와 그로 인한 감정은 파도의 주름 속에 파묻혀 버리거나 수면 밑으로 숨어 버린다. 힘든 것을 느끼지 못하게 하고 적당히 마비시킨 채 무심히 흐르는 시간 속에 자신을 내버려 둔다.

마음의 고통이 클수록 무심하게 만들어 버리기도 하고, 마치 해리성 기억상실처럼 아무것도 기억나지 않게 만들어 버리기도 한다. 이 모든 것은 대체로 무의식의 영역에서 일어나는 것이어서 어떤 계기로 의식을 깨우기 전까지 지속될 수 있다. '마음의 느낌을 무뎌져 버리게 하는 것이 무슨 문제가 되는 걸까. 아무것도 느끼지 못하면 힘들지 않고 좋지 않을까'라고 생각할 수도 있다.

이런 무뎌지고 느끼지 못하는 마음의 상태가 계속되면 어느 날 갑자기 허무감, 두려움, 불안, 우울감 등이 심해져서 살아 있는 자체를 무의미하게 여기게 될 수 있다. 우울증이라는 병은 우리가 모르는 사이에 조금씩 자라는 몸속의 암처럼 마음에 암 덩어리를 키우는 병이기 때문에 위험하다. 암이 아무 증상 없이 소리 없이 우리 몸속에 침투하여 조금씩 자라듯이 마음의 암도 우리가 모르는 사이에 조금씩 자라 우리를 위험에 빠뜨린다.

우리는 수많은 생각의 홍수 속에 살고 있다. 그 많은 생각이 건강하고 긍정적이라면 발전시키는 동력이 된다. 그러나 걱정과 염려, 부정적인 미래 예측이라면 우리 뇌는 점점 더 어둡게 변하게 된다. 그리고 익숙한 한 덩어리의 감정을 만들어 무의식 속에 쌓아 놓게 된다.

오래되어 익숙해진 감정들이 우리 마음에 가득 퍼지면 우리의 내면을 사막으로 만들 수 있다. 마음에서 일어나는 감정을 느낄 수 있어야 한다. 외로우면 외로워하고, 슬프면 슬퍼하는 것이 마음의 사막화를 막는 길이다. 외로움을 느끼지 못하는 사람은 실은 더욱 외로운 것이다. 너무 외로워서 그것을 잊기 위해 무의식적으로 느끼지 못하게 차단하는 것이다.

우울증과 대인기피증이 심해져서 상담실을 찾아왔던 한 여성이 이렇게 말했다.

"제 외로움은 아주 어릴 때부터 시작되었어요. 나름대로 외로움을 견디는 방법을 터득했죠. 그래서 외롭다는 느낌은 별로 없어요. 재미있는 소설책을 읽거나 노래를 부르거나 등산을 다녔어요. 그렇게 한 이십 년 살다 보니 익숙해진 것 같아요. 때때로 내 삶이 무의미하게 느껴질 때도 있지만, 그래도 살 만해요. 이젠…."

나름대로 외로움에 대처하는 방법을 찾아 그 감정을 잊기 위해 노력해 왔지만, 결국 우울증이 심해지고 관계에서 받는 스트레스와 상처를 이기지 못해 대인 불안과 대인기피증이 생긴 것이었다.

심리상담을 이어 나가면서 그 여성의 무의식에 켜켜이 눌려 있던 감정을 하나씩 끌어올리는 일이 쉽지 않았고 오래 걸렸다. 시간이 흐르면서 얼마나 자신의 마음을 억눌러 놓으며 살아왔는지 깨달으며 놀라워했다. 마침내 두려워서 외로움을 느끼지 않으려 했던 마음속 외로움의 감정을 찾아냈고, 그 원인도 들추어 낼 수 있었다. 두려움 속에서도 포기하지 않고 피하고 싶던 감정을 마주하는 용기를 냈으며, 외로움 속에서도 살아가는 법을 배우게 되었다. 그러자 그 외로움은 더 이상 문제가 되지 않았고 더 외로워질까 봐 불안해하지도 않게 되었다.

마음이 사막처럼 메말라 가는 것처럼 느껴질 때

살다 보면 마음이 사막처럼 메말라 가고 있다는 느낌이 들 때가 있다. 마음이 건조해진다는 것은 사람과의 관계에서 상처가 너무 많아 일시적이나 장기적으로 무감각해지는 것이다. 감정을 차단해야 살 수 있을 것 같다는 생각에 마음을 사막처럼 황폐하게 만든다. 감정이 물처럼 흐르지 않고 숨 막히는 모래바람만 불어대니 마음이 건조해진 것처럼 느껴진다. 이런 상태가 계속되면 자신도 모르는 사이에 마음의 병이 생길 수 있다. 사막에도 오아시스가 있듯이 마음도 촉촉이 적셔 주는 물이 필요하다. 그 물은 나의 감정을 느끼게 하고, 타인을 공감하며 소통할 수 있게 하는 생명수가 된다.

마음속 감정은 없어지지 않는다. 다만 감추어져 있는 것뿐이다. 못 느낀다고 해서 부정적인 감정이 사라진 것이 아니다. 무의식의 밑바닥에 켜켜이 저장되어 있기 때문에 마음이 건조해지는 동안 몸이 아프거나 매사에 의욕이 없는 무기력한 모습이 나타난다. 마음이 건조해졌다고 느껴질 때 자기에 대한 인식을 높이고 감정을 자유롭게 표현하는 것이 중요하다. 자기 자신과 솔직하게 대화하며 마음을 건조하게 만드는 것이 무엇인지 이해하는 것이 해결의 시작이다. 지금 당면한 고민거리를 적어 보며 인식하는 것이 도움이 된다. 또한 가까운 친구나 가족 또는 전문가와 감정을 나누는 것도 감정의 건조함을 해소하는 데 도움이 될 수 있다. 상대방에게서 지지와 이해를 얻을 수 있으면 건조한 마음은 정상적으로 촉촉한 상태가 된다.

나는 심리치료를 하는 내담자들에게 '감정일지'를 써 보라고 조언한다. 매일 조금씩이라도 그날그날의 자기 감정을 글로 표현하다 보면 억눌려 있던 보기 싫던 감정이 조금씩 흘러나와 마음의 치유와 회복에 도움이 되는 것을 많이 봤다. 글쓰기를 싫어하는 사람에게는 낙서처럼 그림으로 표현해 보라고 한다. 그림도 마찬가지로 억압된 감정을 흘려보내는 통로가 된다. 마음을 억압하는 것은 좋지 않다. 감정을 억압하지 않고 인식하는 것은 마음의 문제를 해결하는 첫걸음이다. 마음속 감정들이 부정적이든 긍정적이든 그것은 중요하지 않다. 무엇이든 억압해 놓은 것이 우리의 마음을 불편하고 불안정하게 만들기 때문이다. 마음속에 가득 차 있는 부정적 감정도 평가하지 말고 수용해야 한다. 그러면 그다음이 보인다.

나에게만 행복이
비켜 가는 것 같아요

우울증은 사랑의 결핍 때문에 생기는 '외로움 병'이다. 깊은 외로움을 경험해 본 사람은 알 것이다. 늘 무인도에 홀로 남겨진 것 같은 병적인 외로움은 삶의 의욕을 상실하게 하여 무력하게 만든다. '외로움 병'에는 '사랑'이 약이다. 누군가 좋은 관계를 맺을 한 사람만 다가오면 외로움은 점차 사라지게 된다. 그 한 사람을 찾아 헤매다가 더욱 절망하기도 하고 아예 포기하기도 한다. 혹은 좋은 사람인 줄 알고 관계를 맺었다가 최악의 고통을 경험하면서 더 큰 외로움에 빠지기도 한다.

외로움을 병처럼 앓게 되면 사람을 잘 알아보는 것이 쉽지 않다. 자신에게 잘해 주면 무조건 마음이 자석처럼 끌려가기 때문에 마음이 몹시 약해져 있을 때는 친구를 사귀거나 연애를 하는 것도 조심하라고 조언하고 싶다.

다음의 두 사례가 좋은 예시가 될 것이다.

한 커플은 둘 다 학대 가정에서 부모의 사랑을 못 받고 일찍 부모와 떨어져서 외롭게 자랐다. 서로 사랑하고 더는 외롭지 않으려고 결혼해 함께 살게 되었다. 그렇게 행복하게 살았으면 얼마나 좋았을까. 학대 가정에서 자란 사람 중에는 우울 불안 분노가 내재해 있다가 가정을 이루게 되었을 때 가장 가까운 사람, 즉 배우자나 자녀에게 분노를 표출하는 경우가 많다.

불행하게도 이 커플 역시 내재해 있던 결핍과 부정적 정서가 서로를 건드리고 사소한 말다툼이 가정폭력으로 비화하곤 했다. 둘 중 한 사람만이라도 치유가 되고 결핍이 채워져 너그러워진 마음이 될 수 있었다면 상황이 달라지지 않았을까. 폭력과 폭언이 계속되다가 결국 이혼하게 되었고, 두 사람은 심한 우울 증세에 시달렸다.

또 한 커플은 보육원에서 만나 이른 나이에 결혼하여 딸아이를 낳았다. 그들도 처음에는 사소한 충돌이 있었고 힘든 시간을 보내야 했다. 서로에게서 도망가고 싶을 때도 많았지만 그들은 각자 너무나 잘 알고 있었다. 세상에서 버림받고 아무도 없는 상황이 얼마나 무섭고 고통스러운지 너무나 잘 알았다. 상대방을 사랑하는 처음 마음을 상기하며 계속 부부 대화를 시도했고 부부 교육, 부부 상담도 받으며 성장해 나갔다. 그렇게 서로에게 사랑을 주는 단 한 사람이 되어 주었다. 서툴고 어리석음도 인정하면서, 서로 잘못을 빌며, 서로의 손을 놓지 않았고 상대방의 슬픔과 분노를 이해하며 사랑을 표현했다. 그렇게 5년, 10년이 흐르면서 그들의 관계는 사랑으로 단단해졌다.

곁에 오랫동안 아무도 없어서 외로움이 깊어지고 우울증이 생겼다면 어떻게 해야 할까. 무엇보다 우울증이라는 어감의 가벼움이 이 병이 가진 심각성을 많이 훼손시키는 것 같다. 가벼운 우울증은 감기처럼 앓다 지나가기도 하지만 중증의 환자들에게는 심리적인 '암'이기 때문이다. 심한 우울증이 되게 하는 이 외로움은 사랑을 충분히 받지 못해서 생긴다. 그중 가장 치명적인 문제는 부모의 갈등과 다툼을 보고 자라는 경우인데, 부모의 다툼은 아이에게 가야 할 애정을 차단하고 두려움과 불안을 주게 된다. 부모가 싸우는 모습을 어렸을 때부터 경험한 어린이는 성장한 뒤 자기 자녀를 학대할 확률이 다섯 배나 높은 것으로 드러났다. 자신이 경험한 불안을 자녀에게 그대로 대물림하는 악순환의 불행이다.

프랑스 국립건강의료연구원 연구진은 부부싸움이 자녀에게 어떤 영향을 미치는지 확인하기 위해 파리에 사는 성인 3,023명을 대상으로 면접 인터뷰를 진행했다고 한다. 그 결과 어린 시절 부모가 싸우는 모습을 많이 본 성인에게서 우울증, 자살 기도, 자신의 파트너에 대한 폭력 등이 더 많았다. 이러한 결과에 근거하여 연구진은 '자녀 앞에서 부부가 심하게 싸우는 것은 자녀의 미래에 영향을 미치는 만큼 공공 건강 사안으로 다뤄져야 한다'라고 밝혔다.

가장 미성숙한 부모는 자녀 앞에서 싸우는 부모다. 부부가 심하게 다투고 있는 동안 자녀는 건강한 자아상을 잃어버리고, 깊은 외로움과 두려움을 경험하게 된다. 병적 외로움으로 인해 우울증을 앓게 되면 불안증이 동반되는데 이는 외로움과 두려움의 뿌리가 같기 때문이다. 그래서 우리는 끊임없이 깊은 외로움을 겪게 될까 봐 두려워한다. 상처를 받으면 외로움이 생기므로 상처를 줄 사람에 대한 경계심으로 대인 불안도 생기게 된다. 반면에 '나쁜 사람'에게 쉽게 끌리고 집착하게 되는 역설적인 모습도 보게 된다.

춥고 외롭고 우울할 때, 따뜻하게 손 잡아줄 딱 한 사람만 있다면 더 이상 춥지 않고 외롭지 않을 텐데, 때로 아무도 내 곁에 없는 것 같은 감정이 더욱 불행을 예감하게 한다. 사랑해 주는 사람이 없다고 느낀다면, 내가 먼저 손을 내밀어 사랑을 먼저 줄 수 있으면 얼마나 좋을까. 작은 것 하나라도 먼저 주기 시작하면 당신의 사랑을 받아서 따뜻해진 그들이 당신에게 따뜻한 사랑을 조금씩 되돌려주기 시작할 것이다. 그때부터 행복은 내 것이 될 수도 있다는 느낌을 강렬하게 받게 될지도 모른다. 그리하여 좋은 사람을 알아보고 그에게 마음을 열고 봄처럼 따뜻한 그 마음을 받아들일 줄도 알게 될 것이다.

마음의 통증을 심화시키는
겨울과 봄

유독 겨울을 싫어하는 사람들이 있다.

"겨울이 정말 싫어요. 추위와 을씨년스러운 날씨도 싫어요. 더 우울해지고 불안해지고 절망스러워요."

치유가 필요할 정도로 우울하고 상한 마음을 가진 사람들에겐 겨울이 달갑지 않을 것이다. 추위는 마음의 통증을 더 심하게 느끼게 하는 면이 있다. 겨울이 더 슬프고 힘들었던 기억이 남아 있다. 거리에 나서면 살을 에는 추위가 몸과 영혼을 파고들었다. 뾰족한 얼음조각에 찔리는 듯한 아픔을 불러일으켜 원래 있었던 상처를 덧나게도 한다. 그리고 겨울 추위가 마음을 더 외롭고 쓸쓸하게도 한다. 겨울이 지나 봄이 되면 마음도 화창해질까.

혹독한 마음의 추위를 이겨내고 이상하게도 봄이 되면 자살률이 높아진다. 기나긴 겨울을 견뎌냈지만, 화사한 봄볕이 마음을 더욱 슬프게 하는 걸까. 봄이 되면 끝날 줄 알았던 마음의 통증이 더 심해지자 더 큰 절망이 찾아와서 그런 것일까.

삶, 살아가는 것, 살아 있다는 것, 그 자체가 중요할 뿐이다. 이 세상에 태어났으므로 지금은 아무 의미를 찾지 못한다 해도, 끝내 찾지 못한다 해도, 오늘 또 오늘을 살아가다 보면 삶이 빛나는 별처럼 마음에 깨달음을 주는 순간이 반짝 오는 것이다. '살아 있어서 좋구나'라는 깨달음이다.

또 하나의 계절을 보내고 있는 이들에게 더 깊은 마음의 통증을 느끼기 전에 자신의 마음을 먼저 돌봐 주라고 하고 싶다. 나의 고통은 다른 사람과는 비교할 수 없을 정도로 큰 무게의 고통이다. 그래서 그 누구도 비난해서는 안 된다. 겨우 그 정도로 힘들다고 하냐고 책망해서는 안 된다. 그 사람에게는 죽을 만큼 힘든 고통일 수 있으니까.

자기 경험과 타인을 비교하지 말고 섣부른 조언도 하지 말아야 한다. 자기 학대나 자기 비난도 멈추어야 한다. 한 해 한 해 빠르게 지나가는 세월 속에서 후회하고 자신을 자책하며 시간을 보내지 말아야 한다. 다음 날, 다음 달, 다음 해를 준비하는 자신을 용납하고 기다려 주고 격려해 주어야 한다.

내 마음에 요동치는
감정의 파도, 분노

자신의 감정을 통제하지 못하는 사람은 미성숙한 사람이다. 예를 들어 어린아이는 대체로 자신의 감정을 잘 조절하지 못한다. 짜증이 나면 짜증을 부리고 떼를 쓴다. 어린아이처럼 어른이 되어서도 화가 나면 조절이 되지 않는다는 사람들이 많다. 어린아이 상태에서 멈춰 버린 사람들. 그들은 화를 자주 내게 되고 한번 화가 나면 절제하지 못한다. 이런 사람들은 관계에서 서로 치명상을 입히고 사회생활도 힘들어진다.

명문대를 나와 대기업에 다니고 있는 K씨가 말했다.
"저는 여러 면에서 인정받고 있어요. 일상생활에서도 별

불만 없이 살고 있고요. 그런데 불쑥불쑥 화가 잘 나요. 제가 생각할 때 대인관계에서 감정 기복이 굉장히 심하다고 느껴요. 오랫동안 친했던 친구가 갑자기 싫어지기도 하고 작은 일에도 자주 서운했다가 조금 잘해주면 금방 고마워 죽고. 쉽게 흥분하고 쉽게 가라앉고, 화를 심하게 냈다가 금방 후회하고. 화가 날 때는 정말 다른 사람이 된 것 같아요. 이런 절 누가 좋아하겠어요. 저도 제가 싫은데."

두 번 파혼당했던 M씨는 이렇게 말했다.
"두 번 모두 제 성질을 못 이겨서 그렇게 돼 버렸어요. 화가 치솟을 때는 이성이 마비돼 버리거든요. 정신을 차리고 나면 수치스럽고 미안해서 죽을 것 같지만 고쳐지지 않았어요. 가끔 그러는 날 이해해 주지 않는 상대에게 오히려 서운해하고 탓을 하게 되더군요. 누구를 만나도 이게 안 고쳐지면 저는 결혼을 못 할 것 같아요."

갑자기 화를 내거나 별일 아닌 것에 분노를 담아 비난하는 투로 말하는 상대를 오래 참아줄 사람은 없다. 쉽게 감정이 요동치는 사람 옆에 있으면 저절로 불안해지고 삶의 두

려움이 엄습하기 때문에 사자를 만난 토끼처럼 도망치게
된다.

감정 기복이 심해 보이는 것은 화난 감정을 잠시 눌렀다가
다시 오르는 상황이 반복되기 때문이다. 내면에 있는 분노
의 감정들은 수많은 크고 작은 상처가 쌓여서 만들어진 '영
혼의 불편한 이물질' 같은 것이다. 그래서 평소에는 잔잔
한 호수처럼 보이다가 작은 막대기로 살짝만 건드려져도
뿌옇게 수면 위로 둥둥 떠오른다. 아무리 '화내지 말자. 참
자, 참아'라고 되뇌어도 그 화는 사라지지 않는다.
분노가 무서운 것은 한번 분노하기 시작하면 그 후엔 점점
더 심하게 화를 내게 된다는 사실이다. 직장이나 사회생활
에서 만나는 사람 앞에서는 가면을 쓰고 억지로 자신의 분
노를 참을 수 있다. 자신의 이미지 때문에 참지 않으면 안
된다는 생각을 강박적으로 하기 때문이다. 그러나 자신의
배우자나 자녀에게는 잘 참지 못한다. 잘 보여야 한다고
생각할 필요가 없는 편한 존재이기 때문이다. 세상에서 가
장 가깝고 편안한 관계, 그 관계에서 분노를 폭발한다. 화
를 참지 못해 폭발하고 나서는 후회하고 우울해한다.

우리는 분노를 해결할 수 있다. 감정이 파도처럼 요동치는 것을 점차 잠잠하게 만들 수 있다. 내가 아는 수많은 내담자가 기적같이 이루어 냈다. 자기 속에 파도치는 감정을 말하고, 그 감정을 분석하고 통찰하면서 파도가 잠잠해지기 시작했다. 내면의 크고 작은 파도의 원인을 적어 보자. 아픔들과 상처들을 적어 보자. 내면의 통증을 흘려보내는 시간을 보내고 나면 신기하게도 마음의 파도는 잠잠해지고 잔잔하고 아름다운 에메랄드빛 바다를 보게 될 것이다. 그렇게 마음의 평화를 맛보게 될 것이다.

행복은 기다려야 온다

행복은 기다려야 온다. 행복이 오지 않을 것이라고 생각하거나 빨리 행복해져야 한다고 조급해하면 행복은 더 멀어진다. 겨울이 와야 봄이 온다. 겨울을 건너뛰고 봄이 올 수 없는 것이다.

"우리 가족은 모두 강박증 환자예요. 항상 뭐든지 조급하게 하려고 하고, 엄마도 아빠도 기다려 줄 줄 모르세요. 조금만 기다려 주시면 좋겠는데 빨리빨리 하지 않는다고 너무 야단을 많이 치세요."

행복하지 않은 시간을 사는 동안에 그 상태가 너무 힘들기 때문에 강박증이 생긴다. 정말 많은 사람이 강박증을 앓고 있다. 약간의 강박증은 누구에게나 있지만 심한 강박증은 일상생활을 불가능하게 할 정도로 힘을 빼고 무기력하게 만든다. 강박장애는 불안장애의 하나로, 반복적이고 원하지 않는 강박적 사고(obsession)와 강박적 행동(compulsion)을 특징으로 하는 정신질환으로 분류된다.

혹시 너무 자주 손을 씻거나 가스 밸브가 잠겨 있는지를 수십 번 확인하고 있지는 않는가. 불필요한데도 같은 행동을 반복적으로 하는 행동은 강박증이라고 할 수 있다. 서둘러 지금의 힘든 상황을 벗어나려고 조급해할수록 더 늪으로 끌려 들어가는 느낌을 받게 된다. 상담실에 찾아오는 내담자 가운데 '빨리 벗어나고 싶어요'라며 조급해하는 경우가 있는데, 그럴수록 치유가 더디게 진행되는 것을 느낀다. 그때마다 나는 이렇게 말해 준다.

"자신을 위해 기다려 주세요. 자신을 용납하고 수용하면서 기다려 주세요."

강박적인 태도는 쉽게 고쳐지진 않지만, 삶에 대한 태도를 바꾸면 가능해진다. 나 자신도 기다려 주어야 하고 다른 사람도 기다려 주어야 한다. 조금 부족해도, 미숙해도, 잘하지 못해도 기다려 준다면 잘할 수 있게 된다. 누군가 기다려 준 경험을 한 번도 갖지 못했다면, 강박과 불안이 내재한 채 살아왔을 가능성이 크다.

"괜찮아, 조금 천천히 해도 돼."
"괜찮아, 조금 실수해도 괜찮아."
"언제까지라도 기다려 줄게."

이런 말을 자기 자신에게도 해 주고 다른 사람에게도 해 줘야 한다. 그래야 조바심 없이, 지금 이 순간, 행복을 느낄 수 있다. 자신과 타인에게 조금만 더 너그러워지고 조금만 더 다정해지길 바란다.

PART 2

내 마음이 파놓은
부정적인 생각의 함정

내 마음을 찌르는 사람은
바로 나였어

우리는 살아가면서 수많은 사람과 관계를 맺게 되고, 알게 모르게 상처를 받는다. 사람에게 상처받다 보니 우리는 내 주위에 있는 다수의 사람이 나에게 상처 주고 괴롭히는 사람이라는 생각을 하게 되었는지도 모른다. 사람에 대해서 필요 이상으로 경계심을 가지고 살게 되지 않았을까. 그러나 깊은 통찰을 하다 보면 누가 나를 괴롭히는 것보다 내가 나 자신을 괴롭히고 있는 시간이 더 많다는 것을 알게 된다. 끊임없이 자신을 자책하면서 스스로를 못살게 군다. 왜 그럴까? 나는 그러고 싶지 않은데. 나 자신이라도 내게 다정하게 대해 줄 수 없는 걸까.

사람은 어릴 때 자아가 건강하게 형성되어 있지 않으면 자신을 인식하기 시작하는 사춘기 무렵부터 자기 자신이 마음에 들지 않고 부끄러워지게 된다. 이렇게 형성된 '수치심'이라는 핵심 감정이 마음 깊이 자리 잡으면 매사에 자신의 모습이 부끄럽고 싫어진다. 마음에 드는 구석이 하나도 없고 자기 비난을 밥 먹듯 하게 된다. 사람들 앞에 서면 자신감이 없어지고 늘 지나치게 타인의 시선을 신경 쓰게 되어 건강한 자신의 삶을 살지 못하게 된다. 심지어 다른 사람이 저지른 명백한 잘못도 자기 탓을 하며 끝없이 자책한다.

건강한 자아를 가져야 진정한 자신의 가치를 알게 된다. 건강하지 않으면 타인의 기준에 맞추려고 애쓰거나 정상적인 사고의 틀을 벗어나게 된다. 그러면 잠재적 마음의 병을 갖게 된다. 이 마음의 병은 잠복기를 거쳐 언젠가는 활화산의 용암처럼 흘러나오게 된다. 잠재적인 마음의 병을 극복하려면 금지되고 억압된 감정이 다시 자연스러운 것이 될 수 있도록 풀어줘야만 한다. 마음의 목소리에 귀를 기울이고 내면의 힘을 끌어올리면 자기 존중이 생기고 지금까지와는 다르게 자신을 인식하게 된다.

자신을 비난하고 싫어하는 존재가 자기 자신이면서도 타인이 자신을 조금만 무시해도 파르르 화를 주체하지 못한다. 자신은 비록 자기를 무시해도, 다른 사람은 그러면 안 되는 것이다. 그래서 늘 타인의 평가에 예민해진다. 늘 누가 나를 무시할까 봐 쓸데없이 에너지를 쓰며 오해한다. 그느라 자신의 인생을 허비한다. 스스로를 괴롭히는 무차별인 마음의 공격을 언제까지 계속해야겠는가.

당신은
지금 모습 그대로 아름답다

세상이 제시하는 기준에 맞는 '예쁘다', '잘 생겼다'가 아닌 시대를 초월한 '아름다움'도 있다. 나는 십 대의 기나긴 시간을 우울증과 싸우며 소진하느라 내가 아름답다는 사실을 알지 못했다. 그 시대의 기준으로 그 시기의 나는 매우 아름다운 소녀였다. 그러나 나는 내가 못났다는 생각에 빠져 늘 고개를 숙이고 다녔다. 한순간도 나 자신이 부끄럽지 않은 순간이 없었다.

언제부터인가 나만의 아름다움을 발견할 수 있게 되었다. 이제는 나이가 들고 주름이 생겼어도 그 주름까지도 아름답게 받아들일 수 있게 되었다. 그 아름다움은 나이나 체형과는 상관없다. 아름다움은 나의 내면에서 멈추지 않고 흘러나오는 에너지와 같은 것이다. 나는 나이를 먹을수록 나의 아름다움이 커질 것이라고 믿는다. 머리가 새하얀 할머니가 되면 더 아름다워질 것이라고 생각한다. 가늘고 굵은 주름살이 늘어난다고 아름답지 않은 것이 아니다. 머리가 하얘진다고 아름답지 않은 것이 아니다. 체형이 변해가고 나잇살이 부푼다고 아름답지 않은 것이 아니다.

내 마음이 나 자신을 비하하고 있다면 다른 사람도 비하할 가능성이 크다. 내가 나를 존중하면 다른 사람도 나를 존중할 것이다. 나 자신에게 함부로 하는 사람은 다른 사람에게도 함부로 한다. 직장에서도 가정에서도 사람을 존중하지 않고 하찮게 대하는 사람은 열등감이 깊어 자기 자신을 비하하게 된다. 그러므로 이제부터라도 당신은, 당신 자체가 아름답고 귀하다는 사실을 인정해야 한다. 그러한 생각이 자신의 삶을 빛나고 행복하게 만들 것이다.

남과 비교하는 심리는
인생의 행복을 멀어지게 한다

사람들은 일상생활 중에 나와 상대방을 끊임없는 비교한다. 자신도 모르게 무의식적으로 비교하며 불행해진다. 자신이 '불행하다' 또는 '행복하다'라는 기준은 늘 상대적이다. 나의 외모와 다른 사람들의 외모에 대한 비교, 내 자동차와 상대 자동차에 대한 비교, 내 연봉과 친구의 연봉과의 비교, 내 남자친구와 친구의 남자친구와의 비교, 내 집 크기와 친구 집 크기의 비교, 내가 들고 있는 가방과 친구의 가방 비교 등 끝도 없다.

이 비교하는 심리는 사실 오래전부터 시작된 것이다. 아주 어렸을 때부터 우리는 비교당하는 상처를 수없이 받으면서 살아왔다.

"넌 왜 언니처럼 공부를 못하니?"

"동생 좀 본받아. 얼마나 차분하게 잘하니?"

"오빠 봐라. 성적이 항상 상위권인데 넌 어쩌려고 그래?"

수없이 들었던 이런 말들은 자동으로 비교 심리를 만들어 버렸다. 말없이 조용히 비교당하고 차별받는 서러움도 당하며 살았다. 집에서 학교에서 사회에서, 타인에 의해서 비교당하는 상처는 사는 동안 내내 이어져 왔다.

우리나라 속담에도 '남의 떡이 더 커 보인다'라고 했다. 남과 비교하는 문제는 일상화되어 있다. 그래서 비교하는 태도와 행동은 모든 사람에게 배어 있는 일반화된 모습이라고 할 수 있다.

합리적인 비교는 자신을 성장시킬 동력이 될 수도 있다. 그러나 우리가 상처받게 된 원인은 대부분 비합리적인 비교의 태도 때문이다. 우리는 대체로 비합리적인 비교 심리에 희생당하고 있다. 절대로 바꿀 수 없는 것에 대한 비교는 상처를 점점 키운다. 나 자신의 능력을 인정하기보다는 상대적인 비교 심리에서 스스로 열등해지는 것이기 때문에 기분이 나빠지는 것이다. 이처럼 비교하는 심리는 인생의 행복을 좀먹는 기생충과 같다.

남과 비교하는 마음을
나를 변화시키는 노력으로 바꾸자

많은 사람이 자기가 가지고 있는 능력과 재능, 물건이나 연봉, 외모나 성격 같은 것으로 타인과 비교하면서 자격지심을 가지거나 수치심을 느끼고 있다. 비교 심리를 긍정적인 방향으로 바꿀 수 있다면 자신의 성장에 도움이 될 것이다. 나와 비교되는 상대방이 나보다 낫다는 사실에 화가 나고 기분 나빠하는 것에서 끝나 버리면 질투심과 시기심만 커진다. 내 마음만 힘들어지는 것이다.

따라서 왜 그렇게 느끼게 되는가에 대해 깊이 생각해 보고, 나와 다른 무엇에 비교하게 되는지 파악해 보는 것이 필요하다. 단순히 기분 나빠하는 것을 넘어서면 상대방으로부터 배워야 하거나 내 생각의 변화와 성장을 위해 다르게 해석해야 하는 관점이 생길 수도 있다. 나보다 나은 상대를 보고 부러워할 수 있다. 부러워하는 마음이 발전하면 그 상대처럼 되려고 노력해서 자신을 성장시키고 향상할 수 있게 된다.

건강한 경쟁 심리는 자극제가 되고 활력소가 되어 자신을 성장시킬 수 있다. 그러나 무엇보다도 지나치게 비교하는 의식을 하지 말아야 한다. 그 생각에 얽매여서 정신적으로 문제를 일으킬 수 있기 때문이다. 감정적으로 얽혀서도 안 된다. 자신의 생각을 합리적으로 정리하고 감정을 탐색하는 시간을 통해 비교 심리를 약화하는 노력도 필요하다.

스스로 못났다고 생각하는 사람일수록 열등감 때문에 타인과의 비교를 더 자주, 더 많이 하게 된다. 비교를 멈추어야 자유로워질 수 있다. 나는 나, 너는 너다. 나는 나로서 충분하다. 상대방보다 못하다고 해서 모든 면에서 못한 것은 아니다. 어떤 사람도 완벽하게 완전한 사람은 없기 때문이다.

비교 심리는 남보다 나아 보이고자 하는 인정 욕구에서 비롯된 것이다. 친구보다 내가 낫다는 느낌을 계속 주는 것도 열등감의 산물이다. 친구의 성공에 진심 어린 축하와 박수를 보내기 어려운 것도 자신의 열등감 때문이다. 우리 모두는 어느 정도의 열등감을 마음속 깊이 누르고 살고 있기 때문에 쉽게 열등감에 사로잡히게 되는 것이다.

부정적 비교 심리는
언제나 해롭다

부정적인 비교 의식은 매우 해롭다. 열등감이 커지면 실제로 자신의 아름다움도 망치며 심성도 병든다. 그리고 어느 순간 진짜 자신의 모습을 잃어버리고 자신의 인생도 잃어버리게 된다.

비교당해서 생긴 상처도 치유해야 하고, 습관처럼 굳어진 비교하는 마음에서도 자유로워질 수 있도록, 아름다운 자신의 내면을 회복하고 원래의 자신을 찾는 노력의 여정을 시작해야 한다.

당신은 지금 그 모습 그대로 아름답고 멋지다. 비교 심리를 조장하는 것은 인간을 망치기 위한 나쁜 악마의 계략이다(이 악마는 누구의 마음에나 함께 살아온 부정적 마음 한 조각의 이름이다). 길을 걸어가면서 지나가는 사람을 힐끔거리게 되고, 자신의 옷차림과 다른 사람들의 옷차림을 비교하며 순간적으로 풀이 죽게 되는 것, 그리고 자신의 존재를 초라하게 느끼게 되는 것은 나쁜 악마에게 지는 것이다.

반대로 타인과 비교하며 교만해지고 우쭐해지는 사람이 있다. 나르시시즘에 빠져 세상에서 자신이 제일 잘난 것처럼 자기기만에 빠지는 사람도 있다. 타인을 무시하며 자신이 얼마나 잘났는지 지속적으로 자랑하며 인정해 주기를 강요하기도 한다. 그렇게 우월감을 느끼는 사람은 가장 열등감이 심한 사람일 것이다. 심한 열등감이 이상 성격으로 발전해서 자기애적 성격장애자(나르시시스트)가 되지 않았을까.

그러므로 비교하지 말자. 그 어떤 것으로도 비교당하지도 말자. 개인 개인은 비교가 필요 없는 소중하고 아름다운 존재다. 누군가 자꾸 당신과 비교하려고 하면 그 사람에게 문제가 있는 것이다. 열등감에 젖어 있는 그 사람에게 휘둘리지 말고 있는 그대로의 자신을 지켜야 한다. 그리고 그 누구도 누군가를 비교할 권리는 없다는 사실을 꼭 기억하길 바란다. 계속해서 비교하며 당신을 괴롭힌다면 단호하게 그 사람을 당신 삶의 울타리 밖으로 몰아내야 한다.

약한 마음
다독여 주기

영화는 약 두 시간의 영상을 통해 인간에 대한 다면적인 통찰을 제공해 준다. 한 사람의 지난한 일대기를 묘사하기도 하고 인간 군상을 통한 다양한 사회상을 다루며 악인의 멸망을 보여주기도 한다. 모두 사람의 이야기다. 짧은 시간에 많은 것을 느끼게 해 주기 때문에 좋은 영화가 나오면 이른 아침이라도 영화를 보러 가곤 한다. 영화마다 영화를 만든 감독이나 제작자의 철학과 가치관이 담겨 있을 것이다. 그 안에서 사람을 배운다.

때로는 영화 속 주인공이 되어 있는 듯한 느낌으로 영상에 빠져든다. 주인공에 감정이입 되어 슬프기도 하고 기쁘기도 하면서 함께 성장하기도 한다. 좋은 영화 한 편이 주는 위로와 치유의 메시지는 생각보다 크다.

우리는 모두 자신의 영화 속 주인공들이다. 내가 주인공이 된 영화의 스토리는 세상에 하나밖에 없다. 내 피부가 검든 희든 상관없다. 키가 크든 작든 상관없다. 학벌이 좋든 아니든 그것도 상관없다. 나는 전 생애를 걸쳐 내 영화 속을 걸어가며 나만의 영화를 완성한다. 아무도 알아주지 않아도 괜찮다. 그건 나만의 위대한 히스토리다.

예쁘고 잘생긴 사람은 모두 텔레비전 속에 있다는 우스갯소리가 있다. 못생긴 사람이 배우를 하겠다고 하면 사람들은 비웃는다. 실제 영화의 세계에서는 그럴지도 모른다. 좀 더 잘생긴 사람이 주인공을 맡을 확률이 높고 연기까지 잘하면 사람들은 열광한다. 그러나 영화 속에서는 주인공을 받쳐 주는 조연과 극의 흐름상 필요한 엑스트라가 꼭 있어야 한다. 그러나 평생 조연과 엑스트라만 한다면 좋아할 배우는 없다. 참 힘들 것이다.

나의 세계로 오면 내가 세계에서 가장 주목받는 배우다. 때로 어설프고 실수가 많더라도 이전 시간은 자동으로 편집되니 걱정할 것 없다. 하나의 실수로 며칠씩 머리 싸매고 수치심에 몸을 떨 필요도 없다. 우리 모두는 매일, 매 순간 한 번도 가보지 않은 시간을 살고 있다. 이십 대도 처음이고 마흔도 처음이다. 부모가 되는 것도 처음이고 첫 직장의 첫 업무도 처음이다. 그래서 모두 낯설고 긴장되고 두렵고 부끄럽다.

50년 배우 생활을 해 왔던 유명 배우도 이렇게 말했다.

"매번 새로운 드라마나 영화를 시작하게 됐을 때 몹시 긴장돼요. 내가 잘할 수 있을까 걱정되고 실수할까 봐 두려워요."

가 보지 않은 자기만의 인생 영화를 만들어 가는 동안, 발 앞에 뭐가 있을지 모르는 처음 가 보는 캄캄한 길을 한 발 한 발 내딛는 우리 모두는 두렵지 않을 수 없다. 그 두려운 길을 지금까지 참 잘 살아왔다. 넘어져 피 흘린 적도 있었지만 다시 일어나 지금까지 살아오지 않았는가.

아직 인생의 절반만 살아왔더라도 그 시간은 너무 길었다. 그 긴 시간을 두려움을 딛고 헤쳐나온 당신은 위대하다. 아무도 알아주지 않는다고 해도 잘했다며 스스로 어깨를 토닥여 주라. 스스로를 안아 주고 자기 자신에게 다정하게 대해 주라. 자기 자신에게 좀 더 다정하고 친절해져야 한다.

서로의 상처에 물들어 가는
멍든 마음

상처 입은 마음끼리 만나면 서로의 상처가 상대방에게 전
달되어 멍이 커진다. 상처보다 큰 사랑의 힘으로 이겨낸
다면 상처는 치유되고 서로의 마음에는 빛이 스며 나온다.
그러므로 서로의 상처를 치유하려는 노력 없이는 좋은 관
계로 발전해 가기 어렵다.

오래전 잔잔한 여운을 남겼던 네덜란드 영화 〈블라인드〉
는 굉장히 놀랍고 신선한 영화였다. 상처받은 한 여성이 마
음의 빗장을 닫아걸게 된 이후의 비극적 결말을 보여주는
영화다. 비극적인데도 사랑에 대한 강한 질문과 여운을 남
겼다. 이 영화에 대해 혹자는 아름다운 사랑 이야기의 극
치를 묘사했다고 말했다. 그러나 다른 관점에서 보면 이
영화는 깊은 트라우마가 빚어낸 왜곡된 심리가 파괴적인
결말로 이어지는 것을 보여준다. 아름다운 사랑이라기보
다는 안타까움과 슬픔을 느끼게 했다.

앞을 볼 수 없는 청년 루벤의 저택에 깊은 트라우마를 가

진 연상의 여자 마리가 '책 읽어 주는 여자'로 들어가게 된다. 마리는 어린 시절 자신의 엄마에게 심한 학대를 당해서 얼굴과 온몸에 유리로 베인 끔찍한 상처를 가지고 있다. 난폭하던 루벤은 마리에 의해 점점 부드럽게 변화했고, 아름다운 여성이라고 상상하며 사랑의 감정에 빠지게 되었다.

잠깐의 사랑은 비극을 예고했다. 끔찍한 흉터가 아로새겨진 외모보다 더 심각한 것은 마리의 마음속 내면세계였다. 마리는 자신을 있는 그대로 받아들일 수 없을 만큼 마음이 병든 여인이었다. 모든 학대의 후유증이 그렇듯이, 마리 엄마의 학대는 마리에게 자기 혐오감을 뿌리내리게 했다. 아주 쓸모없고 하찮고 사랑받을 자격이 없는 존재라는 인식을 심어 주었으며 자신을 혐오스러운 존재라고 믿게 했다. 마리는 루벤이 수술 후 눈이 보이게 되자 그를 떠났다. 버림받기 전에 먼저 버린 것이다. 루벤은 마리가 다시 돌아오기를 바라면서 아름다운 겨울 정원에서 크고 뾰족한 고드름을 떼어내어 자신의 눈을 찌르고 다시 시각 장애인이 된다. 그의 사랑이 얼마나 큰지 자신의 눈을 버리더라도 그녀를 찾고 싶어 했다는 메시지를 남긴다. 마리가 다시 돌아왔는지는 알 수 없는 채로 영화는 끝이 난다. 의미심장한 음악과 함께 겨울 정원에서 흰 천으로 눈을 가린 채앉아 있는 루벤이 옅은 미소를 띠며 멀어지는 장면이 긴여운을 남겼다. 너무 슬픈 장면이었다.

한 사람의 상처는 상대방의 상처를 끌어들여 더 큰 상처를만들기도 한다. 버림받지 않기 위해 또 다른 상처를 선택하는 것이 우리의 어리석음이다. 상처받은 마음을 가진 우리는 그만큼 취약해졌다. 더 쉽게 상처받게 되어 멍든 마음이 점점 더 커진다. 그래서 진정한 사랑을 할 힘도 잃어버린다. 또다시 상처받을까 봐 두려워 이기심을 선택한다. 그리고 자신이 상처받기 싫어서 상대방에게 상처 주는 것을 의도치 않게 저지른다.
사랑이란, 나 중심이 아니라 상대방이 원하는 대로 해 주는 것이다.

나의 불행한 마음은
누구의 탓일까

누군가와 갈등이 생겼을 때 무서워하는 사람이 있다. 상대방의 눈도 쳐다보지 못하고 힘들어한다. 분명히 생각해 보면 다 내 잘못은 아니다. 그런데도 그 사실을 말하지 못한다. 상대가 나를 공격할까 두렵기 때문에 다 내 탓으로 돌려 버리는 것이 오히려 마음이 편해서다. 이렇게 자꾸 갈등 상황마다 자신의 주장을 하지 못하게 되면 억눌려진 분노가 점점 커지게 된다. 그래서 순하고 착한 사람이 한번 화를 내면 감당할 수 없는 지경까지 가는 것이다.

자기 탓만 하는 사람들의 심리와 마찬가지로 오랜 시간 상처와 불행이 계속되다 보면 피해의식이 생기고 자신을 정확하게 모를 수 있다. 자신의 감정과 잘못된 태도에 대해서도 회피하면서 살펴보지 않으려고 한다. 그럴 때는 차라리 남 탓을 하는 것이 속 편하기 때문에 누군가의 흉을 끊임없이 보게 된다. 어디서건 누군가의 험담을 해야 속이 좀 풀리는 것 같고, 마음이 편안해진다면 자신의 내면에 차곡차곡 쌓여 있는 상처의 크기가 점점 커지고 있다고 보면 된다.

극단적으로는 자신의 내면을 성찰하지 않고 나이를 먹으면 '자기애적 성격장애'나 '경계선 성격장애'처럼 자신과 타인에 대한 이해가 없어지고 모든 사람과 트러블을 일으키는 사람이 될 수도 있다. 자꾸 사람들이 내 곁에 있는 것을 싫어하고 멀리하게 된다면 나의 내면을 깊이 살펴보아야 한다. 표면적인 것에만 관심을 가지고 마음을 살피지 않는 것은 가장 어리석은 사람이 되는 지름길이다. 그래서 점점 혼자 남게 되고 점점 더 외로워지므로, 그런 어리석은 언행을 멈추어야 한다.

마음을 돌보는 시간이 필요하다

일상이 바쁘다고 마음을 돌보지 않으면 안 된다. 봄의 향기로움, 여름의 초록 향기, 가을의 풍요로움, 겨울의 고즈넉한 정취 속에서 시간을 내어 걸으며 평화롭고 행복한 기분을 느껴 보아야 한다. 지금 마음이 힘들고 우울하다면 당장 일어나 가까운 공원이나 산책로를 걸어 보자. 혼자 걸어도 좋고 누군가와 함께 걸어도 좋다. 걷다 보면 마음에 가득한 통증도 날아간다.

나는 마음이 먹구름처럼 무겁게 내리누를 때면 무조건 집 밖으로 나선다. 사람들 속을 헤치며 걷거나 한산한 오솔길을 걷는다. 걷다 보면 먹구름이 걷히고 마음이 점차 밝아지고 마음에 빛이 스며드는 것을 느낀다. 오늘도 그렇게 걸었다. 시간이 없을수록 더 걸었다. 걷는 동안 마음은 돌봄을 받고 충전되곤 했다.

누구의 탓을 하거나 내 탓을 할 필요 없이, 그냥 지금 모습 그대로 햇살과 바람 속에서 나를 풀어놓고 마음의 통증도 날려버리는 시간이 필요하다. 이 시간만큼은 마음껏 감성을 드러내도 괜찮다. 눈물이 흐르면 그냥 내버려 두자. 바람이 씻어 주도록. 노래가 나오면 흥얼거려도 좋다. 뛰고 싶으면 땀이 나도록 뛰어도 된다.

무기력하고 때때로 살고 싶지 않은 우울함이 내 삶에 가득한 지금, 방바닥에 붙어 조금도 움직이고 싶지 않더라도 조금만 힘을 내어 천천히 일어나 현관문 밖을 나와서 걸으면 된다. 그리고 조금씩 심호흡을 하며, 자연의 향기를 마시고, 영혼을 스치는 바람에 몸을 맡기면 된다. 자연이 품고 있는 사랑의 힘이 당신을 어루만지고, 안아 주며, 힐링이 일어나게 할 것이다.

누군가 이렇게 말했다.

"사는 게 의미 없어요."

의미 있다고 느껴져서 삶이 의미 있는 것이 아니다. 살아 있는 것, 그 자체가 그냥 의미인 것이다. 그래서 그저 살아가는 것이다. 살아있으니 살아가는 것이다. 그러므로 의미를 찾지 못해도 살아가자. 살아가는 것 자체가 이미 위대한 일이니 삶을 멈추지 않고 나아가면 된다. 살아가고 있는 당신, 잘하고 있다.

나는 왜 이럴까,
저 사람은 왜 저럴까

자신의 성격이 싫다고 말하는 사람들이 많다. 너무 예민한 성격이 싫다고 하거나 상처를 잘 받는 약한 성격이 싫다고 한다. 성격 때문에 힘들어한다면 성격에 대한 이해가 필요하다. 어떤 성격도 다 좋거나, 다 나쁜 건 없다. 자신이 너무 힘들기 때문에 '나쁘다'라고 생각하는 것뿐이다. 성격에 대한 잘못된 해석이나 오해가 많다. 흔히 내성적인 성격은 좋지 않다고 생각하며 성격 개조를 원한다.

"저는 내성적이어서 소심해요."

"내성적이니까 사람들 앞에서 말하기가 겁나요."

"외향적인 사람이 더 행복한 것 같아요."

엄마들은 자기 아이의 성격이 문제가 있다고 말한다.

"우리 애는 내성적이어서 큰일이에요."

사람은 내성적이거나 외향적이다. 그런데 우리 사회는 내성적인 것이 나쁜 것이라고 생각한다. 그렇지 않다. 내성적인 사람의 특징은 에너지의 방향이 내부로 흐르기 때문에 너무 오랫동안 외부 활동을 하게 되면 에너지가 빨리 소진되어 혼자 있는 시간을 가지며 충전해야 한다. 외향적인 사람은 하루 종일 사람들과 함께 있어도 별로 피곤함을 모른다. 에너지가 넘치고 외부에서 사람들과 만날 때 더 힘이 나고 충전이 되는 유형이기 때문이다. 특성이 다르다는 것을 이해하고 배려한다면 인간관계에 아무런 문제도 생기지 않는다.

내성적인 사람이 말을 잘 못 한다는 것은 편견이다. 이런 유형의 사람들은 생각을 머릿속에서 정리한 후 말하기 때문에 실수가 적고 더욱 논리적으로 차분히 말할 수 있다. 다만 외향적인 사람이 항상 먼저 말을 시작하기 때문에 말할 기회를 많이 놓치게 되어 스스로도 말을 잘 못하는 사람으로 인식하는 것이다.

외향적인 사람은 말하면서 생각한다. 생각이 정리되지 않아도 임기응변이 강해서 실수를 스스로 보완하며 말할 수 있다. 내성적인 사람보다 실수가 더 많을 수도 있지만 그 실수를 만회할 수 있다. 반면, 내성적인 사람은 말에 실수가 훨씬 적은 편이다.

외향적인 사람은 늘 에너지가 넘치기 때문에 내성적인 사람이 곁에 있으면 쉽게 지친다. 반면, 내성적인 사람은 그런 상대에게 맞춰 줘야 한다는 부담감 때문에 자주 사람 만나는 것을 피하게 된다. 그래서 소극적이고 소심하다는 편견이 생긴 것이다.

너 T야?

요즘처럼 MBTI에 대해 관심이 많던 시대가 없었다. 주로 심리상담 분야에서만 알려졌던 심리검사의 한 유형이었는데, 어느새 혈액형검사를 대체하며 맹목적으로 유행하게 되었다.

예전에는 "혈액형이 뭐예요?"라고 물었다면 지금은 "MBTI가 뭐예요?"라고 묻는다. 이는 긍정적인 측면과 부정적인 측면을 극명하게 보이고 있다.

긍정적인 면은 단 4가지의 혈액형만으로 성격을 정하던 것에 비하면 16가지로 나눈 것이 그나마 보완이 되었다는 것이고, 부정적인 면은 성격의 특성을 너무 단편적으로만 이해하고 사람을 규정짓는다는 점이다. 한 사람을 통합적으로 보지 않고 부정적인 특성만을 강조하는 것은 문제다.

요즘 흔히 공감하지 못하고 차갑고 논리적인 사람을 향해 "너 T야?"라고 공격적으로 표현하곤 하는데, 물론 약간은 유머러스한 표현이기는 하다. 그리고 정말 건강한 T 유형의 성격을 가진 사람이라면 상처받지 않고 유머로 받아들일 것이지만 기분 나빠하는 사람들도 많다. 왜냐하면 그 말의 속뜻 때문이다.

"너는 왜 내 말에 공감하지 못하고 그렇게 차갑고 이성적으로만 반응하느냐"라는 뜻이기 때문이다. 공감하지 못하는 사람, 이라는 규정과 해석은 각자의 성격유형에 따라 달리 해석할 수 있다. 그래서 서로 다른 성격끼리 다툼이 일어날 소지가 다분하다. 원래 MBTI를 검사하는 목적은 자신과 타인을 알고, 깊이 이해하고 서로 배려하기 위한 도구로 쓰이는 것인데 이상하게 변질되어 버린 것이다. 맹

목적으로 규정짓는 사람들 때문에 순기능이 역기능이 되어 버렸다.

다르지만
서로 이해할 수 있기 위하여

자신과 타인을 잘 알고 이해하기 위하여 자신의 유형이 어느 쪽에 가까운지 체크해 보고 장점과 보완점에 대해서 생각해 보면 좋다. 자신의 성향과 기질을 알 수 있게 하는 공신력 있는 검사는 MBTI 검사, 에니어그램, 기질 검사, 홀랜드 검사 등 여러 검사가 있는데 이런 여러 가지 검사를 함께해서 전문가로부터 설명을 들으면 더 정확히 자신의 성격과 기질 등을 알 수 있다. 단 혼자 간단히 검사한 후 그것을 과신하면 안 된다. 정확하지 않은 결과를 믿고 더 혼란에 빠질 수 있기 때문이다. 요즘은 인터넷에 간단히 하는 무료 검사가 널리 퍼져 있는데, 결과가 정확하지 않은 경우가 매우 많다.

이 성격검사 중에 기질적 분류를 네 가지로 하는데, 모든 사람은 이 네 가지 기질 중 하나에 속하게 된다. 기질적 차이가 사람과의 불협화음을 느끼게 하고 대화가 안 통하는 문제를 만들 수 있다. 그래서 성격과 기질이 상극인 사람이 결혼하면 너무 힘들어 헤어지고 싶다고 말한다. 친구도 비슷한 성격끼리 만나야 편하고 좋다.

그러나 상반되는 성격의 연인이나 친구를 만나 서로 맞추다 보면 서로 성장하는 모습을 보여준다. 서로 다름을 인정하고 나와 다르다는 것이 나쁜 것이 아니라는 것을 알게 되면 성격이 다른 상대방 때문에 마음이 풍요로워지고 인격이 성장하게 된다.

"남자친구와 저는 성격이 너무 달라요. 정말 힘들어요. 제 마음을 전혀 몰라주는 것 같고 대화도 잘 안 돼요. 이제 헤어져야 하나 고민 중이에요."

"저는 그 유형의 성격을 극도로 혐오해요. 어떻게 사람이 그럴 수 있는지 이해가 안 돼요. 다시는 만나고 싶지 않아요."

이런 이야기를 정말 많이 듣는다. 성격에 대한 이해가 생기면 서로 다른 것이 매력으로 다가와 서로 보완해 줄 수 있고 갈등을 줄일 수 있다. 성격 차이와 서로 다름에 대한 이해가 생기면 오해도 하지 않게 된다. 자신의 성향과 기질을 자세히 알고 나와는 다른 유형의 특징을 알게 된 이후에, 자신의 보완점을 찾아 꾸준히 노력하면 내가 가지지 않은 성향을 보완할 수 있다.

이 세상에는 다양한 성격과 기질의 사람이 어우러져 살고 있다. 나와 다르다고 모두 배척해 버린다면 세상은 어떻게 될까. 다양한 유형의 사람들이 모여 조화를 이루어 가고 아름다운 세상을 만드는 것이다. 나와 다른 사람이라고 해서 잘못된 것이 아니라는 것을 이해하고 포용해야 내 마음도 아름다워진다.

서로 다른 기질에서 오는
차이 이해하기

MBTI 검사에서 나타나는 네 가지의 기질에 대해 간단히 알아보면 다음과 같다. 다음에 설명하는 것은 절대적인 것은 아니며 대체적으로 드러나는 특성을 설명하는 것이다.

SP(연예인) 기질의 사람은 감각적이며, 태평스러운 성향을 가지고 있다. 위기 상황에 대한 대처 능력이 뛰어난 반면, 충동적인 행동이나 자극적인 행동을 하는 경향이 많다. 또한 도구나 기계 사용이 능숙하고, 뛰어난 협상 능력을 가지고 있다. 이런 강점에도 불구하고 감정 기능에 취약하여 자신의 감정과 타인의 감정을 잘 읽지 못하는 경향이 있다. 단순하고 착하기 때문에 사람을 비꼬아서 보지 않는다. 그런 단순하고 순수한 면은 큰 장점이지만 다른 사람의 감정을 읽고 공감하는 능력을 키우지 않는다면 가장 가까운 사람에게 늘 비난받게 될 수 있다. 상대방을 크게 신경 쓰지 않고, 상대가 원하는 것을 모르기 때문에 자신도 모르게 이기적인 태도를 갖게 되고, 자신이 원하는 것만 주장하게 된다.

SJ(보호자) 기질의 사람은 감각적이면서도 신중한 기질의 사람으로 안정을 추구하고 책임감이 강하다. 성실하며 전통적이고 보수적 성향이 매우 강하여 고지식하기도 하고, 변화를 싫어하는 면이 있다. 그런 반면에 자신이 옳다고 생각하는 관점을 끝까지 고수하여 고집스럽게 보일 수도 있다. 따라서 융통성을 키우는 연습이 필요하다.

NF(이상주의자) 기질의 사람은 직관적이며 인간관계를 중요시하는 유형이다. 예술적 재능이 뛰어난 사람이 많으며 자신의 존재 의미와 자기 정체성에 끊임없이 관심을 가지는 사람들이다. 세상을 변화시키고 더 나은 세상으로 만들려는 욕구가 강한 것이 특징이다. 따뜻하고 친밀한 관계를 좋아하기 때문에 세상의 차가운 부분과 부딪힐 때마다 너무 깊은 절망에 빠지기도 한다.

한번 누군가를 좋아하면 그 사람이 나쁜 사람이라는 것을 알게 되어도 쉽게 마음을 정리하지 못하고 매우 힘들어한다. 풍부한 정서적 교류를 매우 중요하게 생각하는 유형이기 때문에 정서적인 교류가 없는 환경을 매우 힘들어한다. 조직적이고 체계적으로 반복되는 학습은 정말 싫어해서 학생 시절에는 특이한 학생으로 비칠 수 있다. 그래서 힘들어질 수 있고, 상처를 계속 받게 되어 우울증이 심해지는 경향이 있다.

NF 기질을 가진 사람은 모든 관심이 '인간'에게 맞춰져 있다. 그래서 타인을 도와주고 보살펴 주려는 성향이 매우 강하며, 타인의 성장이 자신의 이상과 꿈이 되기도 한다. 그만큼 타인의 관심과 지지를 받으려는 보상 심리 또한 강하다. 그래서 타인에게 비난받으면 치명적인 아픔을 느낀다. 더구나 아주 예민한 얇은 유리 같은 기질이 있어서 타고난 직관과 예민함으로 자신에 대한 타인의 태도와 평가를 '직관적으로' 금방 알아차린다. 그래서 상처를 아주 깊게 받는다.

NF 기질의 사람들은 많은 장점에도 불구하고 치명적인 단점이 많다. 세상은 사랑으로 가득 차야 한다는 이상을 추구하기 때문에 사랑의 결핍은 우울증으로 쉽게 이어진다.

NT(과학자) 기질은 직관적이며 사고형의 사람으로 지적인 호기심이 많고 토론을 좋아한다. 지적인 연구를 즐기는 탐구형이며, 논리적인 사고와 뛰어난 두뇌의 소지자가 많다. 승부 근성이 매우 강한 반면, 인간관계에서는 차가운 면모를 가지고 있다. 자신만의 세계가 워낙 뚜렷하기 때문에 아무도 자기 세계로 들어오길 원치 않는다. 이 때문에 대인관계에 어려움을 겪는 경우가 많다. 그들은 무궁무진한 창의적 생각과 독창적 사고가 흘러넘치며 누구에게도 뒤처지지 않을 지적 능력을 추구한다. 그래서 자만심이 강한 특징을 보이는데, 지적인 면이 부족해 보이는 사람을 보면 겉으로는 티 내지 않지만 속으로는 계속 무시한다.

이 기질은 강한 개성을 가지고 있으며 자존심이 세기 때문에 참견이나 조언을 싫어하는 경향이 있다. 자기만의 소신과 고집으로 사랑하는 사람의 충고조차도 잔소리로 듣기 쉽다. 어릴 때부터 자신만의 세계를 견고하게 구축하기 때문에 나이가 많이 들게 된 이후에는 자신과 다른 관점과 의견을 보이는 사람에게 아주 부정적인 반응을 보이기도 한다.

또한 이 유형의 큰 장점을 인정하고 존중해 주는 상대를 만나면 행복한 관계를 오래도록 유지할 수 있다. 그리고 상대방도 존중해 주고 그의 영역을 인정해 준다.

이처럼 성격 유형을 이해하고 통찰하게 되면 나 자신과 타인을 깊이 이해할 수 있게 한다. '나는 왜 이럴까, 저 사람은 왜 저럴까'에 대한 답을 제시해 주기도 한다.

이 모든 유형에 대한 설명은 건강한 심리 상태인 것을 전제로 말한 것이다. 어떤 유형이든 건강하지 않은 심리 상태가 되면 아무리 좋은 면도 소용이 없게 된다. 건강하지 못한 심리 상태와 나쁜 인성을 가진 사람은 각 기질과 유형별로 있는 소중한 장점과 자원들은 다 사라져 버리고 단점만이 부각하면서 병적인 태도를 보이게 되기 때문이다. 그래서 무엇보다도 자신의 심리적 상태를 점검하고 건강하게 바꾸어 가는 것이 중요하다.

그리고 적어도 이 기질별의 차이라도 숙지해 둔다면 내가 맺는 관계가 좀 더 부드러워질 수 있을 것이다. 그리고 꼭 기억하자. 내 성격이나 내 기질이 다 나쁜 게 아니라는 것을. 그리고 다 좋은 것도 아니라는 것을.

내겐 없지만 타인에게 있는 장점을 보고 배우며 연습한다면 정말 성숙하고 좋은 사람이 될 수 있다. 그러나 이 모든 내용을 달달 외우고 숙지했다고 해도 불편한 것은 불편한 것이다. 나와 다른 사람과의 서걱거리는 관계가 편안하기만 할 수는 없다. 그래서 인간관계에서는 배려와 이해하는 마음이 필요하다. 이기적이지 않는 마음이 되도록 애쓰는 노력이 필요하다.

완전한 성격도 없고, 완벽하게 불완전한 성격도 없다. 그래서 우리는 관계에서 서로 불편해진다. 내 마음을 불편하게 만드는 상대가 나쁘다고 인식하는 것은 우리의 오래된 습관이다. 이는 불편한 것을 견디기 위해 에너지가 필요하고 신경을 쓰거나 긴장하기 때문이다. 그러나 그 불편함이 서로를 향한 노력이 되면 나의 성장을 도와주고 이해와 관용이 큰 사람으로 자라게 한다는 것을 꼭 기억해야 한다.

좋은 관계를 이어가기 위한 노력이 마음의 성장을 부른다. 일방적으로 상대가 맞춰 주기만을 바란다면 마음은 미숙한 상태에 멈출 것이다.

남들의 시선을 벗어난
마음의 자유

한 달간 독일 여행을 다녀온 적이 있었다. 지금도 그곳의 적응되지 않는 낯선 문화와 고독이 간간이 그리워지곤 한다. 무엇보다 타인을 신경 쓰지 않는 그들의 자유로움이 부러웠다. 그들의 자유를 흉내 내며, 나는 그곳에서 날것 그대로의 내 모습으로 다녔다. 넓은 공원에 대자로 누워 하루 종일 하늘을 올려다보며 지낸 날도 있었고, 어딘지도 모르는 뮌헨의 골목길 구석구석을 걸으며 푸른 눈의 아기와 눈이 마주치면 서로 마주보며 같이 함박웃음을 웃어 주기도 했다.

그곳에는 나를 구속할 만한 그 무엇도 없었다. 시간은 천천히 느리게 흐르고 있었고, 느린 시간 속에서 나는 본연의 나를 찾아가며 가장 자유롭게 나를 내버려 두었다. 내 인생에서 가장 자유롭고 행복한 시간이었다.

사람은 뭔가에 구속되거나 속박되는 것을 싫어한다. 본능적으로 자유로운 상태를 행복하게 느끼기 때문이다. 그러나 마음에 상처가 생기면 가장 먼저 영혼의 자유가 침해당한다. 마음이 쇠사슬로 묶여 버리는 느낌, 그 느낌은 심장을 압박하며 불행하다는 생각이 들게 하고 혼자 남겨진 외로움을 느끼게 한다.

우리는 이제까지 치유의 여정을 함께 걸으며 다른 사람의 시선을 의식하지 말아야 한다는 것을 알게 되었다. 다른 사람의 시선에서 자유롭지 않으면 불편한 감정에 사로잡혀 발바닥에 깨진 유리가 박힌 것처럼 서걱거리게 된다. '자유'가 보장되어야 '사랑'도 느낄 수 있다. 그래야 행복해진다.

마음의 자유가 억압되면 사랑을 주고받는 기능도 상실된다. 사람의 삶이란 모든 게 사랑으로 연결되어 있다. 더구나 우리들의 삶에서 사랑이 빠지면 의미도 에너지도 사라진다. 이처럼 사랑과 연결되지 않은 삶이란 무의미하다. 지상에 있는 수많은 의미의 사랑, 이 사랑은 자유가 주어진 사람만이 느낄 수 있는 '고차원적인 마음의 감정'이다.

현재 자신의 마음에 자유가 없다고 느낀다면, 그 원인과 이유를 살펴보고 자유를 위한 치유의 여정을 시작해야 한다. 마음 속 자유가 없다는 것을 알려면, 다른 사람과의 관계가 편안한지 그렇지 않은지를 파악하면 된다. 누구를 만나도 불편하고 힘이 든다면, 당신의 마음은 자유롭지 않은 상태인 것이다. 조금씩 쌓이고 쌓인 상처가 마음의 자유를 침해하고 방해한다. 이제, 그 상처를 내 마음에서 내보내야 할 시간이 되었다.

PART 3

상처로 채색된
마음

내 마음을 흔드는
오랜 트라우마

트라우마(Trauma)는 주로 심리학에서 말하는 '정신적 외상'이라는 뜻이다. 영구적으로 정신적 장애를 남길 정도의 충격과 큰 상처를 말한다. 큰 사고를 당한 후 생기는 정신적 충격으로 인해 사고 당시와 비슷한 상황이 되었을 때 똑같은 불안을 느끼게 되는데, 이것은 이전 사고의 경험에서 온 상처와 충격이 치유되지 않았기 때문이다.

한 내담자의 고백이다.

"제가 어렸을 때부터 부모님 사이가 안 좋았고, 아빠한테 많이 맞았어요. 너무 자주 맞다 보니까 그게 트라우마가 된 것 같아요. 누가 얼굴만 찡그려도 무섭고 떨려요. 독립

해서 다시는 아빠를 안 보고 싶은데 제가 아직 경제적으로 독립할 수 없어서 너무 힘들어요."

이와 같은 고통을 호소하는 사람들이 놀랄 만큼 많다. 어린아이는 부모로부터 충분한 사랑과 보호를 받아야 건강하고 행복하게 자랄 수 있다. 보호받지 못했다고 생각할 만한 상황이 반복되면 성인이 된 후에도 '사람 트라우마'가 되어 마음속에 자리 잡게 된다. 세상의 모든 사람이 나쁜 사람 같고, 나를 헤칠 사람 같다. 사람에 대한 신뢰가 생기지 않고 두려움만 생긴다. 사람에게 마음을 열지 못하거나 상사나 권위자에게 필요 이상의 두려움을 갖게 되는 이유도 바로 이러한 트라우마 때문이다. 사람에 대한 불안이 생기게 되면 대인기피나 대인 불안의 문제가 생기고, 어디에서든 사람 관계에서 문제가 생긴다.

어쩌면 우리 삶의 여정에서 사람에 대한 불안이 주는 영향력이 가장 크지 않을까. 우리 모두는 사람과의 관계 안에서 살아야 하는 존재다. 그런데 사람에 대한 두려움 때문에 늘 시달린다면 사람을 피하고만 싶을 것이다. 사람과의 사이에서 누려야 할 행복감도 느끼지 못하고, 사람 사이에 주고받아야 할 사랑의 감정도 원활하지 못할 것이다. 그렇다고 사람이 하나도 없는 무인도에 살면 괜찮을까. 아무리 사람에게 상처받으며 살아왔더라도 사람은 사람 사이에서 살아가야 하는 아이러니한 존재들이다.

유학을 다녀온 31세의 지민 씨는 자신에게 있는 강력한 트라우마에 대해 이렇게 말했다.

"제가 미국에서 유학할 때였어요. 어느 날 집 앞에서 괴한을 만났는데 총을 들고 있었어요. 순간적으로 '죽는구나'라는 생각이 들어서 심장이 떨어지는 것 같았고 정신이 없었어요. 제 가방을 가지고 강도가 도망갔지만 그때부터 저는 항상 가슴이 두근거리고 불안하고⋯. 그때부터 밖에도 잘 나가지 못해요. 한국에 돌아온 지 오래되었는데도 지금까지도 무섭고 힘드네요."

사람은 한 번의 큰 충격만으로도 정신이 흔들리고 공황장애가 생기고 공포증이 생길 수 있다. 죽을 고비를 넘긴 사람들, 전쟁에서 살아 돌아온 사람들, 참사에서 구사일생으로 살아난 사람들, 끔찍한 경험을 한 사람들은 PTSD(외상 후스트레스장애)와 함께 트라우마가 남는다.

인간의 감정은 수많은 요인에 의해 흔들리고 뒤섞이고 요동친다. 특히 섬세한 마음을 지닌 사람은 감정을 다치기가 더욱 쉽다. 이십 대의 나이에도 자신이 아직 어른이 되지 않았다고 생각한다. 삼십 대가 되어도 어른이 되지 못한 사람들도 있다. 이것은 트라우마가 성장을 가로막기 때문이다.

'성인 아이', '피터팬 신드롬' 속에서 성장하지 못하고 멈추거나 퇴행하며 어린아이처럼 감정조절을 하지 못한다. 트라우마가 깊을수록 정상적인 사고를 하지 못하고 매 순간 불안한 생각에 사로잡힌다. 그러므로 불안이 큰 사람은 여러 개의 트라우마가 마음속 깊이 새겨져 있을 가능성이 크다.

29세의 정민 씨는 이런 트라우마가 있다고 말했다.
"저는 아주 어릴 때 가족과 함께 물놀이를 갔다가 물에 빠져서 죽을 뻔한 적이 있어요. 그때 조금만 늦게 발견되었다면 죽었을 거예요. 그때부터 저는 물을 무서워하게 되었고, 수영을 배울 수 없었어요."

심지어 기억도 나지 않는 어린 날의 트라우마가 무의식 가운데 생생하게 새겨져 공포를 부를 수 있다. 물에 빠져 죽을 뻔한 경험이 물을 무서워하게 한다. 극복하지 않는 한 물은 공포의 대상이다. 높은 곳에서 추락해서 뼈가 부러진 적이 있다면 그때부터 고소공포증이 생긴다. 작은 공간에 오래 갇혀 있었다면 폐소공포증이 된다.

대부분의 사람이 어느 정도 이런 트라우마의 증상을 가지고 살고 있다. 학교에서 겪었던 수치심을 동반한 상처도 크나큰 문제를 낳는다. 요즘 학폭(학교폭력) 피해자들의 고통이 너무 커서 유명인을 상대로 고소하는 사례도 보인다. 철없던 시절의 치기 어린 행동이라고 하기에는 피해자의 고통이 너무 크다. 커서 유명 연예인이 될 줄 모르고 그랬겠지만, 이를 계기로 모든 아이와 어른이 남에게 상처 주는 언행을 삼가야 할 것이다. 모든 잘못에는 반드시 인과응보의 대가가 따른다. 이미 가해자가 되었다면 잘못을 인정하고, 반드시 사죄하고 보상해 주어야 한다. 그 사죄와 보상이 아무리 커도 피해자의 고통을 다 없앨 수는 없겠지만 치유에 조금은 도움이 될 것이다. 그리고 가해자는 어느 정도 용서를 받을 것이다.

트라우마에서 벗어나기

큰 트라우마를 경험한 이후에는 심리상담, 정신과 치료 등을 통해 반드시 치료되어야 앞으로의 인생을 잘 살아갈 수 있다. 막연히 불안해하거나 우울해하는 사람들은 스스로를 '마음이 심약하고 정신력이 부족한 사람'으로 낙인찍는다. 그리고 주위에 그런 사람이 있다면 쉽게 비난한다.

"이 험한 세상에 그런 정신 가지고 어떻게 살려고 그래!"
이런 말은 해서도 안 되고 들어서도 안 된다. 당신은 언제 어디서나 소중하고 아름답다. 트라우마가 속에서부터 차올라 스스로 못난 자아를 만들어 가고 있는 건 아닌지 살펴보고 해결하면 된다. 그래서 마음을 살펴보는 것은 삶의 모든 여정 앞에서 반드시 해야 하는 미션이다.
상처 입은 자아는 자신을 혐오하고 싫어한다. 내가 나를 사랑하는 것이 치유의 첫걸음이다. 지금 자신의 마음이 나 자신을 생각하는 상태를 점검하면 상처 입은 자아가 치유되었는지 알 수 있다. 내가 나를 싫어할수록 모든 상황이나 사람이 부정적으로 보이게 된다. 자신을 혐오하기 때문에 다른 사람도 혐오한다. 사람에 대한 혐오감 때문에 친구를 사귀지 못하는 사람들을 알고 있다. 아무리 좋은 사람이 다가와도 그 사람에게서 싫은 모습만 보인다고 한다. 그리고 누군가에게 끝없이 험담하게 된다고 한다.

트라우마가 쌓여 있는 마음에는 열등감도 가득하다. 그 열등감 때문에 다른 사람을 깎아내린다. 험담하고 돌아서면 마음에는 고통이 가득해지고 못난 자아가 더 커진 느낌을 받는다.

마음이 자유롭다는 것은 해탈한 사람만이 가질 수 있는 특별한 상태가 아니다. 마음의 상처, 트라우마를 치유하면서 몰아내면 마음이 자유로워진다. 누가 뭐라고 하던지 별로 신경 쓰이지 않고 남과 비교하지도 않는다. '나는 나다'라는 소박한 진리를 알게 되고 나 자신이 소중해지고 사랑스러워진다. 그러면 자신과 타인에게 너그러워지고 혐오감도 사라진다.

'거짓 착함'을 버리고
진정한 나를 만나자

"엄마 말 잘 들어야 해. 그래야 착한 아이지."
엄마들은 이런 말을 어린아이들에게 자주 한다. 엄마 말을
잘 들어야 착한 아이가 된다는 이 말은 참 무섭다. 엄마가
일관성 없는 태도로 잘못된 행동을 조장해도 무조건 따라
야 하고, 엄마의 말은 무조건 옳기 때문에 무조건 따라야
한다고 강요하는 것이다. 이러한 강요는 강박적인 삶의 태
도를 주입하여 몸에 배게 한다. 그런 아이들은 커서 마마
보이, 마마걸이 되기도 한다.
부모가 주입하는 대로 강요받은 삶을 살게 된 사람들이 얼
마나 불행해졌는지 많이 보아왔다. 그들은 부모가 원하는
삶을 살면 가장 잘 사는 줄 알았다고 했다. 그렇게 살아야

착하게 사는 것이라고 생각했다고 했다. 착한 사람, 착하게 사는 것은 좋은 것이다. 그러나 착한 아이 콤플렉스는 온몸이 묶인 것처럼 부자유스러운 삶의 태도와 행동으로 나타나며 진정으로 착하지는 않고 착한 척 위장하고 기만하기 때문에 자신과 타인을 상하게 한다.

'너는 착한 아이구나', '엄마 말을 참 잘 듣는 착한 아이야'라는 말을 경계해야 한다. 그 말을 칭찬으로 받아들이고 속으로 좋아서 어쩔 줄 모른다면 큰일이다. 이 말이 나의 자유의지를 꺾고, 나를 조종하려는 무서운 말이라는 사실을 기억해야 한다.

나는 착한 아이였다. 아니, 언제나 착한 아이였어야 했다. 집에서나 학교에서나 그 누구에게도 피해를 주면 안 되었고, 내가 항상 착하게 행동해야 나를 둘러싼 환경이 평화로울 것이라는 생각을 했던 것 같다. 엄마가 늘 무서웠고, 내 생각을 주장하거나 반항하는 것은 나 자신에게 위기를 가져오는 것이었기에 언제나 착해야 한다고 강박적으로 생각했다.

하루는 어떤 아이가 내게 다가와 연필을 잃어버렸으니 빌려 달라고 했다. 그때 내게는 한 자루의 연필밖에 없었지만 나는 순순히 연필을 내밀었다. 내가 거절하면 그 아이가 나에 대해 나쁜 소문을 낼지도 모른다고 생각했다. 거절한다는 것은 그때의 내게는 너무나 위험한 상황을 부르는 일이라고 믿었다. 그래서 '아니야', '싫어', '안 돼'라는 말을 할 줄 몰랐다. "나한테 연필이 하나밖에 없어서 못 빌려주겠어. 미안해. 다른 애한테 빌려 봐"라고 말했어야 했다.

좀 더 자라서 사춘기가 훨씬 지나서야 나는 내 마음속의 진실한 말을 할 수 있게 되었다. 내가 거절도 하고 싶다는 말을 하게 되자 엄마는 내가 나쁜 아이가 됐다고 했고, 아이들도 내가 나쁜 쪽으로 변했다고 말했다. 내 마음에 힘이 생기자 그들의 말에 더 이상 휘둘리지 않을 수 있었다. 그리고 내 마음은 뭔가에 부대끼지 않게 되었고 편안해졌다.

거절하지 못하고 무조건 다른 사람의 요구를 응해 주는 것이 착한 것이 아니라는 것을 깨달았다. "넌 참 착해"라는 말이 나를 조종하려는 말임을 깨닫게 되었고, 나는 '거짓 착함'을 버리기로 했다. 착하게 행동할 때마다 생겼던 마음속 분노는 치유되어야만 했다.

마음속 깊은 곳의 상처가 치유되어 '진정한 나'와 만났다.

오랜 시간이 걸렸지만 나는 자유로워져야 했다. 치유가 일어나기 시작하고 자존감이 회복되자, 나는 나 자신을 그대로 드러낼 수 있는 '나다운 나'로 거듭날 수 있게 되었다. 오래도록 나를 조종했던 사람들은 "너, 나쁘게 변했어"라고 질타했지만 상관 없었다. 오히려 그렇게 말하는 사람들이 잘못됐다고 단호하게 말할 수 있게 되었다. 그렇게 그들은 내 울타리 밖으로 쫓겨났다.

거절해도 위험한 일은 일어나지 않았다. 오히려 부당한 요구에 대한 거절과 정확하고 단호한 말은 나 자신과 내 마음을 보호한다는 것을 깨달았다. 그런 후 아무도 내게 함부로 하지 못했다. '진정하고 참다운 나'는 '모든 상처와 문제로부터 완벽하게 분리된 나'를 뜻하는 것이 아니다. 아직 해결해야 할 마음의 문제들이 남아 있더라도 괜찮다. 누군가 내 발밑에 놓아둔 덫을 치워 버리는 것부터 시작하면 된다.

자신을 드러내기
두려워하는 마음

착한 아이 콤플렉스는 자기 내면의 욕구를 억누르고 양육자가 원하는 방식으로 생각과 태도를 고착시키는 방어기제 같은 것이다. 이런 콤플렉스 때문에 내면의 욕구를 강제로 억압당하게 되어 자신을 드러내는 것을 두려워하게 된다. 다른 사람의 요구를 쉽게 거절하지 못하게 되고 늘 자신감 없는 모습이 되거나 자신의 의사를 분명하게 전달하는 데 늘 어려움을 겪게 된다. 이러한 콤플렉스가 심해지면 강박증과 공황장애가 발생할 수도 있을 정도로 심각한 상황이 되기도 한다.

한 내담자가 이렇게 말했다.

"나는 착한 아이 콤플렉스를 가지고 살아왔어요. 누구에게나 사랑받고 싶었고 누가 날 싫어할까 봐 겁이 났어요. 그래서 나답게 못 살았어요. 사실 나다운 게 뭔지도 모르겠어요. 그래서 지금도 착한 아이 콤플렉스를 가진 것 같아요. 친구가 하자는 대로 하고 거절당할까 봐 부탁도 못 하고요. 반대로 친구들이 부탁하면 거절은 절대로 못 해요. 친구가 나를 싫어할까 봐 두려워서요. 사회생활도 힘들어요. 직장에서도 부당한 대우를 받아도 말도 못하고."

혹시 내가 주변의 시선을 너무 의식하거나 너무 좋은 사람으로 보이려고 노력하고 있지 않은가? 자신이 해야 할 일마저 하지 못한 채 다른 사람이 부탁한 일을 처리하느라 전전긍긍하지는 않는가? 거절하지 못하고 혼자 힘들어하고 속으로 분개하지는 않는가. 타인에게 삶의 초점이 맞춰져 있으면 늘 초조하고 불행한 감정을 갖게 된다.

착한 아이 콤플렉스를 오래 달고 살면 우울증에 걸린다. 그리고 치료가 어려운 화병을 동반하게 된다. 내가 나답게 살지 못하고 다른 사람처럼 살아야 하는 시간이 길어진다면 내면에서는 혼란과 분열이 일어난다.

'나는 누구인가?'
'나는 왜 이렇게 살고 있지?'
'너무 힘들어. 인생이 무의미해.'
'나는 너무 바보같이 살았어.'

'나 자신을 위해 살지 못했어.'

'나는 평생 행복하지 않았구나.'

프로이트가 일찍이 말했던 것처럼, 우리는 인식하지 못하는 무의식의 상태에서 살아가며 내가 왜 이렇게 되었는지 원인은 모두 잊어버리고 이렇게 살아야만 한다는 당위성만 남게 된 채 불행하게 살고 있다. 그래서 의식의 차원으로 자신을 일깨우고 인식해야 한다. 그래야 행복해진다.

어릴 때부터 스스로 착한 아이의 틀 속에 자신을 가둬 두면 창의성도 떨어진다. 재능을 발휘하지도 못한다. 자신이 무엇을 원하는지도 모르게 된다. 그래서 착한 아이 콤플렉스에 빠진 아이는 얼핏 보면 예의 바른 아이처럼 보이지만 자신감이 없고 무기력해 보인다. 자기 욕구를 제대로 느낄 수 없게 되고 시키는 대로만 하는 수동적인 사람이 된다. 그런 느낌을 주게 되면 사람들이 자신을 무시한다고 느끼게 된다.

묶인 마음을 풀어
자유로워지기

타인의 요구를 따르던 모습을 벗어나면 자기 자신을 소중하게 생각할 수 있게 된다. 대인관계에서도 수평적이고 평등한 관계를 만들어 갈 수 있게 된다. 먼저, 자신이 가지고 있었던 착한 아이 콤플렉스가 무엇이었는지 노트에 적어 보길 바란다. 그런 후 지금도 계속되고 있는 모습이 무엇인지 써 본다. 그리고 변화가 필요한 부분을 하나씩 적어 본다. 글로 적어 보면 뚜렷이 보일 것이다. 그런 후에 자신의 좌절되거나 억눌러진 욕구가 무엇이었는지 발견하는 것이다.

지금 바로 실천해 볼 수 있는 것은 어떤 것인지 써 본다. 이렇게 쓴 것을 매일 거울을 보면서 자기 자신에게 소리 내어 말한다. 스스로에게 해준 '셀프토킹'은 자아를 강하게 만들고 자신감을 심어준다. 누구나 할 수 있는 쉬운 행동이지만 처음에는 조금 용기를 내야 한다. 그러나 한 가지 기억해야 할 것이 있다. 셀프토킹만으로는 도움이 되지 않을 정도로 마음의 통증이 심하다면 반드시 치유를 위해 전문가의 도움을 받아야 한다.

자, 이제 크고 단호한 목소리로 이렇게 말해 보자.

"누가 날 싫어해도 괜찮아. 거절해도 괜찮아."

"누가 날 미워한다고 말해도 어쩔 수 없어. 그건 그 사람의 문제야."

"나는 나일 뿐이야. 나로서 살아야 해. 나답게 살아야 해."

"누가 나에게 나쁜 사람으로 변했다고 말해도 상관없어."

"나를 조종하는 그런 말은 이제 더 이상 듣지 않겠어."

"나는 나를 좋아해. 나는 좋은 사람이야."

버림받을까 두려운
내 마음의 굳은살

사람들이 인간관계에서 힘들어하는 것 중에 버림받을까 봐 두려워하는 마음이 있다. 실제로 버림받아서 생긴 상처 때문에 인간관계에 문제가 생긴 경우도 있을 것이다. 그러나 그보다는 버림받을 것 같은 불안한 상황을 겪게 되면서 생긴 상처들이 계속해서 버림받을지도 모른다는 불안을 만들어 내어 생기는 문제다.

상담 중에 이런 말을 들었다.

"엄마는 늘 이런 말을 했어요. '네가 엄마 말 안 들으면 엄마는 도망가 버릴 거야.' 한두 번 들은 게 아니에요. 어린 저는 엄마가 저를 버리고 가 버릴까 봐 항상 두려웠던 것 같아요. 학교에서 집에 올 때면 항상 두근거렸어요. 집에 엄마가 없을 때는 세상이 무너지는 것 같았어요. 밤늦게까지 엄마가 안 들어올 때면 잠도 못 자고 기다렸어요. 물론 엄마는 실제로 집을 나간 적이 없었지만 저는 평생 불안에 시달리며 산 느낌이에요."

엄마의 어리석은 말은 자신의 아이를 평생 불안에 시달리게 했다. 아이를 사랑했을 것이다. 그리고 실제로 버리고 떠날 생각이 없었을 것이다. 그래도 그건 큰 잘못이다.

버림받음의 느낌은 의외로 오랫동안 진행되어 온 마음속 감정의 덫이다. 수많은 사람이 이것 때문에 지금도 '현재 진행형의 끝나지 않는 불안'을 가지고 살고 있다. 버림받은 상처는 생각보다 큰 후유증을 남긴다. 어릴 때 자란 환경이 안전하고 편안하고 자유로운 관계로 이루어져 있었다면 지금도 그런 관계 속에 살 것이다. 그러나 안전하지 않은 환경에서 불안을 누르며 살아왔다면 지금도 불안이 마음속에 가득할 것이다.

불안장애에 시달리는 사십 대 후반의 남성이 상담실을 찾아온 적이 있다. 그는 실제로 이혼한 부모에게 버려져서 친척 집을 전전하다가 보육원에서 자랐다. 다행히 그 상처를 극복하기 위해 애쓰며 열심히 살아서 지금은 좋은 직장에 다니고 결혼해서 자녀도 생겼다. 겉으로 보기에는 보통 사람들처럼 살고 있지만, 마흔이 되고 오십이 다 되어가는 지금도 마음에 찬바람이 불고 공허한 느낌을 벗을 수 없다고 말했다. 그 사람의 슬픈 눈빛을 잊을 수 없다. 누구에게도 털어놓지 못하던 마음속에 있는 긴 이야기를 털어놓고 공감을 받자 그는 밝은 웃음을 조금씩 찾게 되었다. 그리고 마음속의 불안한 감정은 당연한 것이었다는 것을 인정하게 되었다. 그럼에도 불구하고 잘 살아온 자신을 대견하게 생각하게 되었다. 때때로 슬픔을 느끼더라도 그는 자신의 인생을 잘 살아갈 것이다.

어떤 상처는 평생 지워지지 않는다. 조금씩 치유하며 견디며 기다리며 살아가는 것일 뿐이다.
상처받은 사람은 평생 억울해야만 할까. 신이 있다면 나만 왜 이렇게 고통받게 했냐고 울부짖어야만 할까. 나는 치유의 현장에서 수없이 보며 깨달았다. 어떤 상처도, 어떤 고통도 다 나쁘지 않다는 것을. 어떤 사람은 자신의 상처가 그 사람을 성장시키고 빛나게 만들었다. 고통 속에서도 기뿜을 찾고 감사하게 된 사람들은 진정 위대했다.

"상처가 없었다면 지금의 깨달음을 얻지 못했을 겁니다. 나는 더 이상 내 상처가 수치스럽지 않습니다. 나는 이전보다 좀 더 빛나는 존재가 되었습니다….."

그래서 삶은 공평하다. 어린 시절 화초처럼 평온하게 자라 행복했다면 인생의 끝에 고난이 찾아올 수도 있다. 누군가 말했다. 모든 사람의 일생의 고통을 저울로 달아 보았더니 그 무게가 모두 '똑같았다'라고.

눈치 보는
비굴한 마음

세은 씨는 마음이 착하고 따뜻한 사람이다. 그런데 다른 사람의 시선을 너무 심하게 살핀다. 눈치 보고 기분을 맞추려고 하는 자기 자신이 너무 싫지만 상대방의 기분을 맞춰 주려고 안간힘을 쓰고 있다고 했다. 하루는 이런 말을 했다.

"쇼핑몰에서 마음에 드는 옷이 걸려 있어서 사 왔어요. 그런데 집에 와서 다시 입어 보니까 어딘지 부자연스럽고 맞지 않는 거예요. 다른 사이즈로 바꿔야 하는데 쇼핑몰에 있던 직원이 좀 무섭게 생겼더라고요. 다시 가면 싫은 표정 지을 텐데 무서워서 못 가겠어요."

세은 씨는 사람들이 자신에게 싫은 표정을 짓는 것이 너무 두렵다고 했다. 20대 후반의 나이가 되도록 관계 맺기에 어려움을 겪게 되었고, 해야 할 말도 하지 못하게 되었다고 했다. 내가 상대방에게 기분이 나쁠 수도 있는 말을 하게 되면 그 사람이 나를 싫어하게 될 것 같았기 때문이었다. 싫어하고 화를 내게 될지도 모른다고 생각했다.

관계 맺기의 어려움에 대해서 심리상담을 진행하면서 세은 씨는 내면에 굳게 박혀 있는 오래된 굳은살 하나를 발견했다. 그 '굳은살'이란, 버림받을까 봐 두려워하는 감정이었다. 어렸을 때, 아빠가 그녀를 체벌하면서 자신을 싫어하는 표정을 지을 때마다 아빠에게 버림받을 것 같다는 느낌이 들었고, 그 후 싫다는 표정이 스쳐만 지나가도 같은 감정이 솟아오른다는 것을 발견했다.

만약 사이즈가 맞지 않아 바꾸러 간 옷 가게에서 불친절하게 응대했다면 그 옷 가게를 다시는 가지 않으면 된다. 선택권은 '나'에게 있는 것이다. 그러나 관계에서 마음을 다쳐서 '버림받음'의 감정에 쌓여 있는 사람들은 선택권을 내가 아닌 '타인'에게 내어준다. 그리고 언제나 바들바들 떨고 있다. 언제 저들이 나를 버릴지도 모르기 때문이다. 나를 버릴 수 있는 사람이 아닌데도 불구하고 세상의 모든 사람이 나를 버릴 수 있는 존재라고 인식하고 있는 것이다.

'거절당할 용기'가 필요하다. 거절당하는 경험을 두려워하지 말고 정면 승부를 해야 한다. 예를 들면 카페에서 이렇게 말해 보는 것이다. "여기 커피 리필되나요?"라고 물어본다. 만약 된다면 감사하게 받으면 되고 안 된다고 하면 알겠다고 하면 된다. 이런 사소한 경험은 마음의 힘을 키워준다. 거절당해도 아무렇지 않다는 느낌을 받을 때까지.
관계에 대한 정확한 자기 인식이 없이 모호한 감정으로 뒤덮여 있기 때문에, 이 관계가 앞으로도 계속 이어질 관계인지 아니면 끝내도 되는 관계인지 정확한 기준이 없다. 그래서 모든 관계에서 숨이 차 허덕거리게 된다. 숨이 차서 허덕거리는 관계는 좋은 관계가 아니다. 끝내도 된다.
수많은 상황 속에서 지속적으로 버림받는 상처가 많은 사

람은 모든 관계가 '집착' 혹은 '단절'의 두 가지 양상으로 귀
결된다. 버림받기 싫어서 내가 먼저 단절해 버리거나, 아
니면 버림받을까 봐 너무 집착하게 되거나. 불안 때문에
단절한 관계는 더 고통스럽다. 건강한 단절이 아니기 때문
이다.

관계에서 버림받지 않으려고 늘 먼저 차단해 버린다며 민
욱 씨가 침울하게 말했다.

"그 친구는 항상 차갑고 늘 상처를 줬어요. 걔는 제가 왜
상처받는지도 모를 거예요. 어느 날 그 친구가 또다시 차
가운 어투로 문자를 보냈고, 저는 그 순간 그 애 번호를 차
단해 버렸어요. 카톡도, 문자도 다시는 오지 않게! 저는 항
상 이런 식이었어요. 마음에 안 들면 단절해 버리는 행동.
그렇지 않으면 너무 힘드니까요. 저도 제가 문제가 많다는
건 알아요. 차단해 놓고는 오래오래 힘들어요."

더 이상 상처받기 싫어서 말없이 단절했다가 더 괴로워지
는 경험이 있을 것이다. 마음속 감정이 정리되지 않은 채
물리적으로만 차단했기 때문이다. 만나서 대화하며 오해

를 풀거나, 그래도 안 되면 그때 마음을 정리하면 된다.

어린아이였을 때 엄마가 잠시 가게에 다녀온 순간 잠에서 깨어나 혼자라는 사실을 알게 되었을 때, 아이는 순간적으로 무서워한다. 그러나 엄마가 다시 돌아와 안아 주면서 우는 아이를 달래 주면 곧바로 아이는 방긋 웃으며 괜찮아진다. 그리고 조금씩 자라면서 알게 된다. 엄마가 아주 없어지는 것이 아니라 잠깐 할 일을 하러 갔다가 다시 돌아올 것이라는 사실을 말이다.

그런데 잠깐이 아니라 몇 시간 혹은 하루 종일 두려움 속에 방치되어 있었다면, 그리고 그런 순간이 여러 번 반복되었다면 어린아이는 엄마가 다시는 돌아오지 않을지도 모른다고 생각하게 된다. 그리고 그때부터 분리불안이 생기게 되거나 버림받을지도 모른다는 두려움의 감정을 키우게 된다. 이런 경험이 많이 있었다면 지금도 인간관계에서 불안한 마음이 클 것이다.

혼자 남겨지는 것에 대한
공포

혜선 씨가 네 살 무렵, 지병을 앓던 엄마가 돌아가셨다. 그후 서른 살 무렵이 될 때까지 엄마가 나를 버리고 떠났다는 감정이 무의식적으로 자리 잡아 자신의 삶을 힘들게 했다는 사실을 깨달았다.

"엄마가 병으로 돌아가신 것은 엄마 잘못이 아니잖아요. 그런데도 저는 엄마를 원망하면서 살았던 것 같아요. 엄마가 나를 버리고 떠났구나. 나는 버려질 만큼 못난 아이였구나. 그 누구도 나를 사랑하지 않을 거야. 엄마조차도 나를 사랑해 주지 않고 버렸으니까…. 이런 감정이 제 마음 깊은 곳에 있었다는 걸 깨닫게 되니까 소름이 끼쳤어요. 그런 생각들이 모든 관계를 망쳤어요. 친구들과의 관계도, 애인과의 관계도, 직장에서도 버림받지 않으려고 발버둥 칠수록 더 버려지는 느낌을 받았고 상처는 계속 쌓였던 것 같아요."

아직 논리적인 사고를 하기 어려운 어린아이는 엄마나 아빠의 죽음을 이해하지 못한다. 엄마나 아빠가 부재한 상황을 버림받았다고 받아들인다. 좀 더 자라면, 병으로 돌아가셨다는 것을 알게 되고, 버린 것이 아니라는 것을 알게 되어도 힘든 감정은 없어지지 않는다. 그래서 새로운 관계를 맺으면 버림받지 않으려는 마음이 커진다. 엄마가 없는 어린 시절이 얼마나 힘들었을까. 그래서 혼자 남겨지는 것에 대해 공포심이 생긴다.

인간관계에서 무력감을 느끼거나 사랑받지 못한다는 자괴감이 생긴다. 자신의 성향과 기질에 따라서 그 상처들이 작용하는 형태는 다양하게 나타난다. 감성지수가 높거나 관계 중심적인 성향을 가진 사람이 이성적으로 냉철한 성향의 사람보다 더 힘들 수 있다. 끊임없이 자신의 내적 자의식을 되새김질하면서 계속해서 상처를 자각하고 불러내어 관계에 대한 문제들을 곱씹기 때문에 손상이 더 크게 일어난다고 느끼게 된다. 이런 유형은 관계에 문제가 생기면 일도 손에 잡히지 않고 외로움을 더 크게 느낀다. 삶의 모든 가치가 관계에 초점 맞춰져 있기 때문이다.

버림받은 것 같은 상처와 버려질 것에 대한 두려움의 감정을 치유하기 위해서는 그 감정의 출발 지점을 찾아가 보면 된다. 그때는 어린아이였지만 지금은 성인이 된 자신을 인식하고, 지난 시간에 대한 재인식과 재해석의 과정을 밟아가면 된다. 누구도 자신을 버릴 수 없고, 버림받지 않는 소중한 존재라는 자각이 자라게 되면 현재의 관계가 편안해지기 시작한다. 무서운 집착도 조용해지기 시작한다.

현재의 관계가 편안해지면 과거의 시간 안에 머물렀던 다친 감정이 치유되기 시작한다. 관계에서 불편한 감정이 오면 왜 그런지 살펴봐야 한다. 사람에 따라서 편한 관계가 있고 불편한 관계가 있다. 왜 그런지도 살펴봐야 한다. 불편한 관계라면 왜 그런 마음이 드는지 알아야 한다. 무의식은 의식화해야 자유로워진다. 불편한 이유를 모른 채 살아가면 항상 마음이 무겁다.

이제 사랑해도
괜찮을까

사람은 태어나면서부터 마르지 않는 사랑의 샘물을 가지고 태어난다고 믿는다. 샘물은 마르지 않고 솟아오르는 물의 근원이다. 사람의 깊은 마음속에는 사랑이 흐르는 샘물이 있고 그 샘물은 주위에 있는 사람들에게 흐른다. 사람들은 이런 샘물을 서로에게 흘러가게 하면서 서로의 마음을 촉촉이 적시며 살아가게 된다고 믿는다. 그리고 그 사랑을 나누어 줄 능력을 신이 부여했다고 믿는다. 이 샘물은 끊임없이 흘러나와 주위의 모든 생명체를 기른다. 숲에서 바람이 불어와 무수한 이파리들을 흔들 듯이 이 사랑은 바람처럼 흐르고, 단비처럼 흐른다. 모든 사람의 마음에 끊임없이 접촉하고, 사람의 마음을 풍요롭게 한다. 이 잔잔한 흐름은 요람에서 잠든 아기를 기분 좋게 흔들어 자라게 한다.

이 사랑은 깨어 있으며 생동감이 있고 부드럽고 향기롭다. 사람의 마음 깊은 곳에서 흘러나오는 사랑의 샘물은 스스로를 성숙하고 행복하게 만들고 주위에 사랑을 흘려보낸다. 그래서 모든 사람은 향기롭고 사랑스럽다. 그래야만 했다. 그런데 언제부터인가 사랑의 샘물이 말라 버렸다. 샘의 근원에선 더 이상 아무것도 흘러나오지 않게 되었다. 갈증에 목이 타들어 가는 시간, 그 시간을 보내고 보내다 마침내 '나는 사랑할 수 없는 존재야', '사랑받을 수도 없어'라는 생각에 가 닿는다. 마음엔 메마른 먼지만 자욱해졌다. 왜 그럴까. 마르지 않을 샘물이 왜 말라 버렸을까.

샘물이 말라 버린 사람은 늘 목이 마르다. 주위도 메마르게 한다. 가뭄으로 타들어 가는 대지처럼, 메말라서 쩍쩍 갈라져서 탁한 흙냄새가 진동한다. 가끔 슬픔이 느껴졌다가 외로워졌다가, '이렇게 살면 뭐 하나'라는 생각에 빠졌다가 마침내 지쳐 버린다.

마치 마중물처럼 한 바가지의 물만 있으면 좋겠다고 생각한다. 한 바가지의 물을 붓고 펌프질을 해서 다시 샘물의 근원지를 움직여 다시 흘러나오게 할 수만 있다면 얼마나 좋을까. 사랑이라고 생각하는 감정이, 사실은 상실감이나 결핍감을 채우려는 본능적 욕구에 지나지 않는다는 사실을 깨닫는 순간, 온몸에 전율이 느껴진다.

사람에게 있었던 그 놀라운 마음의 근원적 샘물이 기능을 잃어버리면 무의식적으로 한 바가지의 마중물을 애타게 찾는다. 이 마중물을 시원하게 부어 줄 진정한 사랑의 대상이 나타난다면 다시 샘물은 가동될 것이다. 그런데 왜 샘물이 그 기능을 잃어버리게 되었을까?

결핍된 사랑에 대한
갈증

신은 모든 사람에게 태어나면서부터 사랑의 샘물을 주었는데, 그 샘물은 왜 말라 버리고 왜 사랑 대신에 아픔을 주는 사람들이 많아졌을까? 왜 이렇게 외로워하는 사람들이 많아졌을까? 샘물이 계속해서 기능을 유지하게 하기 위해서는 또 다른 샘물로부터 사랑의 묘약을 흘려 넣어야 하는

데 그런 사람이 있을까.

아기에게는 순수하고 건강한 사랑을 주는 엄마가 필요하다. 엄마가 사랑 대신에 결핍을 만들었다면 아기는 샘물의 기능이 점점 약화되어 다른 존재에게라도 그 사랑을 받기 위해 매달리게 된다. 자라는 동안 결핍된 사랑을 채우기 위해서 모든 힘을 소진해 버릴 수도 있다. 그러면 자신 안에 있는 소질과 재능을 쓰지도 못하고, 성공적인 인생을 살지 못할 수도 있다. 사람은 사랑이 제 기능을 해야 사람으로서 행복을 누리며 살 수 있다. 메마른 마음은 그 목마름을 채워야 하기 때문에 다른 것에 신경 쓸 여력이 없다. 사랑에 대한 결핍감은 계속해서 많은 문제를 만들어 내고, 결핍을 채우기 위해 평생을 허비하기도 한다.

몇 개월간 심리상담을 받은 희성 씨가 그날따라 더 초췌한 얼굴로 상담실 문을 밀고 들어왔다. 그녀는 내 얼굴을 똑바로 보지도 못했다. 슬프고 퀭한 눈빛으로 더듬거리며 말을 이어갔다.

"저는 그를 사랑한다고 생각했어요. 그가 원하는 것이면 뭐든지 다 들어주면서 그가 나만을 사랑해 주기를 바랐어요. 그런데 어느 순간, 그가 날 사랑하는 것이 아니라는 생각이 들면서 미쳐 버릴 것 같은 심정이 됐어요. 그런데 그저께 알게 됐어요. 그 남자는 나 말고 또 다른 여자도 만나고 있었어요. 그것을 안 순간, 분노로 심장이 터지는 줄 알았어요. 그는 저를 이용했어요. 그가 필요하다고 하면 제 통장을 몽땅 털어서라도 필요한 걸 모조리 구입해 줬거든요. 그렇게 헌신하면 그가 나만 사랑할 줄 알았어요. 그런데 아니었어요. 저는 이용당했어요."

희성 씨는 큰소리로 슬프게 울었다. 나를 사랑하는 줄 알았던 대상이 실제로는 이용하기 위해서 사랑하는 척 연기했다는 것을 알게 되면 사람은 침몰하는 배처럼 깊이 절망한다. 그 절망은 트라우마가 되고 회복하기 힘든 고통이 된다.

매주 여러 명의 미혼 여성과 미혼 남성을 만나면서 같은 안타까움을 느꼈다. 결핍된 마음을 이성에게서 완벽하게 채우려는 심리. 상대방도 결핍이 큰 사람이다. 그런 사람이 완벽하게 나를 채워 줄 수 없다. 어떻게 해야 할까? 이 깊은 인간의 딜레마를 어떻게 해야 할까?

내 사랑 결핍증은
어디서부터 비롯되었을까

존 볼비(John Bowlby)는 애착 이론을 제시한 학자로, 어린 시기에 안전하고 안정된 부모-자녀 애착 관계가 개인의 정신적 심리적 안정성에 중요한 역할을 한다고 주장했다. 또한 애정결핍은 초기 애착 경험이 불안정하거나 충분하지 않을 때 발생할 수 있다고 설명했다. 멜라니 클라인(Melanie Klein)은 아동의 정신적 개발 단계에서 발생하는 애정결핍과 관련된 개념을 탐구했다. 초기의 양육 환경이 아동의 정서적 발달에 영향을 미치며, 애정결핍은 정서적 충돌을 일으킬 수 있다고 주장했다.

도널드 위니코트(Donald Winnicott)는 '생애 초기 환경'의 중요성에 주목했다. 부모나 돌봄자의 이해와 지지가 충분하지 않으면 아동은 애정결핍을 경험할 수 있다고 설명했다. 이처럼 애정결핍에 대한 학자들의 견해는 대부분 어린 시절 부모와의 관계가 중요하다고 말하고 있다. 이 결핍의 문제가 이후의 모든 인간관계에 영향을 미치게 된다는 것이다.

사랑이 결핍되면 아픔과 슬픔 속에 살게 되고 오래도록 고뇌하게 된다. 그런 결핍 속에서 살아가는 동안 그 통증은 상상할 수 없을 만큼 크다. 마음속 사랑의 샘물이 말라 버리고 난 이후 생긴 외로움은 여러 가지의 증상으로 나타난다. 길을 걸어가며 슬픈 빛이 감지되는 사람들을 스친다. 그들의 곁을 스쳐 지나가면서 나는 예민한 직관력으로 아픔을 감지한다. 민감한 치유자로서의 감각이 날을 세우면 그들에게 깊은 연민을 느끼게 된다. 치유의 현장에 있었던 서른 몇 해의 시간 동안 마음이 아픈 사람에 대한 통찰이 깊어진 것 같다.

먼저 자신의 결핍이 어느 정도인지 체크해 보아야 한다. 그리고 어디에서부터 비롯되었는지도 점검해야 한다. 어린 시절 부모의 부재나, 충분한 사랑과 돌봄을 받지 못했거나, 세상에 사랑이 가득하다는 걸 경험할 수 있는 기회가 없었거나, 그 누구에게도 인정과 칭찬을 받아 본 경험이 없었거나, 부모와 이른 사별을 했거나, 부모에게 버려졌거나. 그 어떤 이유에서건 간에 그 모든 크고 작은 상처는 치유되어야 한다. 그래야 샘물의 근원지가 작동하게 되고, 다시 넘치는 샘물이 발밑으로 흘러내려 주위의 모든 생명체를 키우고 자라나게 할 수 있다. 그래야 행복으로 가득 채워지게 된다. 그리하여 이제 다시 사랑을 시작할 수 있게 된다.

남들보다 뛰어난들
뭐 하겠어?

부정적인 생각은 우리의 삶을 전부 비관적으로 보게 한다. 미국 미네소타 대학 의과대학 연구팀은 6개 지역의 45~84세 성인 6,700명을 대상으로 장기간에 걸쳐 연구를 진행한 결과 부정적인 생각을 많이 하거나 냉소적인 사람은 뇌졸중을 앓을 확률이 그렇지 않은 사람보다 높다는 연구 결과를 발표했다.

연구팀은 연구 대상자의 부정적인 관점을 측정하기 위해 스트레스 지수, 우울 증상, 분노의 감정, 적대감 등의 항목이 포함된 설문 조사를 했다. 연구기간 동안 200명이 뇌졸중을 진단받았는데, 부정적인 생각을 많이 하거나 냉소주의 지수가 높은 사람은 그렇지 않은 사람보다 뇌졸중 발병률이 높은 것으로 나타났다. 이 연구에 의하면, 우울증을 앓는 사람은 뇌졸중 발병률이 86퍼센트, 극심한 스트레스를 받는 사람은 59퍼센트가 뇌졸중을 진단받았다고 한다.

연구 결과에 대해 연구팀은 '극심한 스트레스를 받는 중년이나 노인은 우울증의 위험이 클 뿐만 아니라 부정적인 생각을 가질 가능성이 큰데, 이런 정신적인 문제가 뇌졸중으로 이어질 가능성이 크다'라고 설명했다. 연구에 참여한 수잔 에벌슨-로즈는 이렇게 말했다.

"뇌졸중은 콜레스테롤 수치, 혈압, 흡연 등 여러 가지 원인으로 발생하지만, 이번 연구로 정신적인 이유로도 발생할 수 있다는 사실을 밝혔다. 이는 정신 건강과 심장 건강, 뇌졸중이 관련이 있다는 것을 의미한다."

이처럼 부정적인 생각이 계속되면 신체 건강에 아주 좋지 않은 영향을 받게 된다. 몸과 마음은 연결되어 있다. 몸이 아프면 마음의 건강도 잃게 된다. 그러므로 부정적인 생각이 멈추도록 노력해야 한다.

나는 나, 너는 너

심한 스트레스와 상처, 그리고 우울한 상황에서 긍정적인 생각을 하기는 어렵다. 예를 들어 남자친구가 다른 여자에게 가 버렸다면, 꽤 오랜 시간 동안 온갖 부정적인 감정이 부정적인 생각을 만들어 자신을 힘들게 할 것이다. "내가 그 여자보다 예쁘지 않아서 그가 가 버렸나 봐", "나는 너무 못나고 멍청해"라고 끊임없이 자기 비하를 할 것이다. "그들이 불행해졌으면 좋겠어" 등의 파괴적인 생각까지도 하게 된다.

심리학자 마르샤 레놀스는 단호하게 충고한다.

"우리의 생각이 바로 우리의 존재다. 누구나 자신에게 최선을 다할 수 있다. 자신의 실수라도 포용하라. 그다음엔 자신의 가치를 인정받는 일을 찾아라. 그러면 나의 단점을 걱정할 시간이나 에너지 따위는 없을 것이다."

내 단점을 걱정할 시간이나 에너지 따위를 없애려면 어떻게 해야 할까? 어떻게 하면 내 부족한 점을 보기보다는 삶의 의미에 가치를 두고 긍정적인 생각을 하게 될 수 있을까? '비교는 행복을 빼앗는 도둑'이다. 다른 사람과 나를 비교하는 생각을 없애기만 해도 행복해진다는 말이다.

심리학자 대니엘라 템페스트는 이렇게 명쾌하게 말했다.

"남과 비교하여 자신을 평가하면 늘 실패자일 수밖에 없다. 우리 삶이 다른 사람보다 월등하게 뛰어나기는 힘들다. 또 뛰어난들 뭐 하겠는가? 삶이 재미있는 이유는 나와 다른 남에게서 뭔가를 배울 수 있다는 거다. 그러니 다른 사람보다 더 나아지려 노력하기보다는 스스로 최상의 모습이 되도록 노력하라."

"남보다 더 뛰어난들 뭐 하겠는가?"

이 말에 주목하자. 우리는 남보다 외모가 뛰어나길 원하고, 남보다 언변이 뛰어나길 원하고, 남보다 이성이 더 자기를 좋아해 주길 원한다. 그런데 나는 '이렇게' 태어났다. 작은 눈은 성형수술로 조금 키울 수 있고, 낮은 코는 조금 높일 수 있겠지만, 그렇다고 절세미인이 되지는 않는다. 미인이 아니라고 다 불행하게 살아야 하는가. 그렇지 않다. '나는 나다. 나는 내가 좋다'라고 말할 수 있어야 한다.

나답게 살아가기

내가 만났던 사람들 중에는 뛰어난 외모를 가지진 않았지만 스스로 빛나고 아름답고 열정적인 사람들이 많았다. 그들은 무엇보다도 타인과 자신을 비교하지 않았다. 비교하면서 자신을 못났다고 여기지도 않았다. 오히려 그 시간에 자신의 발전을 위해 노력하는 사람들이었다. 그게 공부든지 운동이든지 여행이든지.

내 친구는 어느 날 나에게 이렇게 말했다.

"나는 집을 팔아서 세계 여행을 하려고 해. 6개월이나 1년 정도. 물론 나중 생각을 하면 조금 불안하긴 해. 돌아와서 세 들어 산다고 해도 지금 하지 않으면 못 할 것 같아. 그리고 남은 평생 후회하게 될 것 같아."

그리고 그 친구는 정말로 훌훌 떠났다. 나는 박수를 보냈다. 그 친구는 여러 나라를 다니며 엽서를 보내왔다. 그 엽서에는 그 친구가 어떻게 점점 더 행복을 찾아갔는지가 보였다. 그 친구는 6개월쯤 후에 돌아와 이전보다 작은 집으로 옮겼지만, 더 행복해진 모습과 더 자신감 넘치는 모습으로 자신이 좋아하는 일을 하기 시작했다.

무슨 일이든 남들과의 비교 심리에서 하는 것은 나쁘다. 남들을 이기려고 애쓰는 것이 쓸데없이 에너지를 낭비하는 일이 될 수도 있기 때문이다. 차라리 자신의 미래를 위해 투자하는 것이 훨씬 더 자기 자신답게 만드는 것이 아닐까 싶다.

그러니 비교하지 말자. '나'라는 사람은 세상에 하나밖에 없다. 그래서 소중하고 놀라운 존재인 것이다. 가장 훌륭한 사람은 어떤 순간에도 나를 잃어버리지 않고 살아가는 사람이다.

부정적인 생각이 꼬리를 물 때, 즐겁고 행복했던 일 또는 긍정적인 경험을 글로 적어본다. 〈성격연구저널〉에 게재된 연구 결과에도 긍정적인 경험을 글로 쓴 사람일수록 병원 방문이 적었다고 발표했다. 그날의 좋은 일을 생각하면서 긍정적인 마음을 가지면, 매사에 일이 안 풀린다는 것에 대한 집착을 자연스럽게 해결할 수 있다.

긍정적인 태도는 행복한 삶을 사는 데 큰 영향을 미친다는 연구 결과도 있다. 어떤 상황에서도 밝은 면을 보는 습관은 심장질환을 줄이고 콜레스테롤 수치를 낮추며 스트레스를 덜 받게 한다는 연구 결과들이 속속 발표되고 있다.

물론, 중요한 것은 이를 행동으로 옮기는 것이다. 거울을 보며 억지로 미소를 지어 보기도 하고, 자신을 향한 긍정적인 셀프 토킹도 한 방법이다.

부정적인 생각도 습관이기 때문에, 이미 습관으로 굳어진 부정성은 긍정적인 생각 훈련으로 습관을 들여야 한다. 습관을 바꾸는 것은 쉬운 일이 아니기 때문에 시간을 충분히 두고 오랫동안 긍정적인 생각을 하고 그 생각을 말로 내뱉는 것이 필요하다. 생각이 바뀌는 데는 시간이 많이 필요하다. 부정적인 생각이 자동적 사고로 계속되지 않도록 노력하고 노력해야 한다.

습관이 될 때까지 좌절하지 말고 계속 쓰고 말해 보자. 그럼 1년이나 2년쯤 지난 어느 날 알게 된다. 내 생각이 긍정적으로 바뀌어 있다는 것을. 내 입에서 긍정적인 말만 나오게 된다는 것을. 그렇게 하면 잃어버린 자기 자신도 찾게 된다는 것을.

나 자신과 놀기

겨울이 지나 봄이 되면 우울해지는 사람이 있다. 가을이 깊어 가면 우울해지는 사람도 있다. 계절이 가져다준 우울증을 해마다 앓는 사람들이 있다. 계절이 바뀌면서 호르몬의 영향이 사람에게 우울을 불러일으키기도 한다. 일조량이나 신경전달물질의 차이가 우울증을 만들기도 하고, 무기력증이 심하게 나타난다. 마음에 우울감이 차츰 생기면 부정적인 생각도 계속 늘어나 쌓인다. '나는 왜 이럴까? 나는 왜 이렇게 운이 없을까? 나는 왜 이렇게 생겼나? 나는 왜 고통스러운가? 나는 행복할 수 없다. 나는, 나는….'

부정적인 생각이 머릿속을 꽉 채워서 폭발할 것 같은 느낌이 들 것이다. 계절이 아무리 아름답게 변한다 해도 그 아름다움을 느낄 수 없다. 감각이 마비된 것 같다. 감정도 멈춘 것 같다. 섬세한 감성은 죽어 버리고 무기력이 온몸의 감각을 지배하는 느낌이다. 혹시 이런 증상이 생긴다면 우울감이 깊어 가는 증거라고 생각하고 치료를 위해 빨리 적극적으로 움직여야 할 때다.

우울증이 시작되면 가장 대표적으로 나타나는 증상이 무

기력증인데, 이 무기력증은 방안에 혼자 있을 때 더 심해진다. 그래서 될 수 있으면 혼자 방 안에만 있지 말고 친구를 만나거나 대화가 통하는 사람을 만나는 것이 좋다. 만날 사람이 없다면 집 밖으로 나와 걸으면 좋다. 햇빛이 비칠 때는 햇빛을 맞으며 걷는 것이 큰 도움이 된다. 노래를 불러 보는 것도 좋고, 자신이 좋아하는 시를 소리 내어 읽어 보는 것도 좋다.

우울증의 기저에는 언제나 큰 외로움이 있다. 혼자라는 외로움. 1인 가구가 매년 늘고 있고 혼밥, 혼술, 등의 신조어가 생길 정도로 혼자 살아가는 사람이 많다. 그래서 친구와 시간이 맞지 않아서 혼자 놀아야 한다면 그래도 좋다. 혼자 영화를 보거나 혼자 카페에 가서 차를 마시는 것도 좋다.

자기 자신과 잘 놀아주고 잘 지내는 사람은 마음이 건강한 사람이다. 꼭 누군가 있어야 외로움이 해소되는 것은 아니다. 오히려 곁에 있는 사람 때문에 더 외롭다는 사람들도 많다. 자기 자신과 잘 지내야 한다. 그래야 다른 사람과도 잘 지낼 수 있다. 누군가와 대화를 나누고 싶다면 대화가 통하는 친구를 만나기 위해 노력해야 한다. 그러나 마음의 깊은 비밀을 털어놓을 대상이 아무리 찾아도 없다면 상담 전문가를 찾아가는 것도 좋은 방법이다. 때때로 신뢰할 수 있는 상담자에게 마음을 털어내며 나누는 것이 마음 건강에 큰 도움이 될 수 있다. 지나치게 스트레스가 쌓였을 때는 잠시 휴가를 내고 여행을 가는 것도 도움이 된다. 익숙한 공간이 아닌 낯선 곳이 주는 약간의 긴장과 설렘이 기분 좋은 감정을 찾게 해 주기 때문이다. 그리고 늘 일에 치여 있던 타이트한 삶에서 느슨한 여유를 찾게 해 줄 것이다.

긍정 마음으로
돌아서기

긍정적인 태도와 마음이 중요하다. 먼저 부정적인 태도에 대한 인식이 성장의 출발점이라는 사실을 직시하자. 자신의 부정적인 생각과 태도를 정확히 파악하고 인정하는 것은 변화를 끌어내는 첫걸음이다. 자신이 부정적인 생각에 함몰되어 끝없는 부정적 정서와 생각을 흘려보내는 것을 알아차리지 못하면 고쳐지지 않는다. 그다음에는 어려운 상황이나 문제는 성장의 기회일 수 있다는 점을 인식하자. 부정적인 태도를 긍정적인 도전의 마음가짐으로 바꾸어, 어려움을 극복하고 성취감을 느낄 수 있다. 인식 후에 부정적인 생각을 마음에서 몰아내기 위한 부단한 노력은 자신을 좀 더 성장시키고 단단하게 만들 것이다.

그 후 자신이 완벽하지 않다는 사실을 받아들이고 자기 자신을 비난하지 않는 것이 중요하다고 인식하는 것이다. 부정적인 생각이 나타날 때, 그 생각을 하고 있는 자신을 받아들이고 가엽게 여기는 마음으로 자신을 돌본다. 자기 자신을 거부하는 마음에는 부정적 생각이 더 꼬이기 마련이다. 그리고 부정적인 생각과 경험은 오류와 실패를 통해 더 나은 방향을 찾고, 자기 계발을 위한 기회로 삼을 수 있다. 이 기회를 통해 긍정적인 마음을 키울 수 있다. 지속적으로 긍정적인 사람들과 교류하거나 긍정적 영감을 주는 책이나 자료를 찾는 노력을 통해 부정적인 태도와 마음에 대한 저항력을 키울 수 있다. 이처럼 부정적인 생각과 태도를 극복하기 위해 노력하는 변화의 과정이다.

나를 아낌없이
사랑하는 마음으로

나는 아픔을 씻어 내는 눈물의 힘을 믿는다. 내게 아픈 마음을 풀어놓은 그들을 위해 함께 울며 그들의 상처 난 마음을 이해하고 공감하면 그들이 살아나는 것을 보았다. 죽을 만큼 힘든 사람들이 사랑하다가 베이고 찔리고 다친 이야기들, 사랑해야 하는 부모들이 사랑의 기능이 상실되어 생긴 아픔의 이야기들, 사랑한다고 믿었지만 사랑 아닌 것들로 시간을 허비한 상처 입은 연인의 이야기들, 스무 해를 같이 살았어도 서로의 사랑을 느끼지 못해 병들어 버린 부부들. 그들의 눈물과 내 눈물이 언제나 상담실을 적셨다.

사랑에 상처를 입으면 다시는 사랑하고 싶지 않게 된다. 그들의 아픔과 슬픔, 외로움과 우울, 불안 등의 증상이 눈물을 타고 흘러내리며 치유되는 동안, 마음은 점점 포근한 봄이 되는 것 같다. 살아온 시간 내내 상처받고 힘들었다고 해도, 다시 그런 나를 돌아보고 아껴 주고 보듬어 주어야 한다. 그래서 다시 한 번 힘을 내어 사랑해야 한다. 죽도록 사랑했는데 배신을 당하게 된 사람일지라도 치유의 과정을 보내고, 배신한 사람도 보내 버리고 다시 사랑하면 된다.

너무 오래 슬픔을 간직하고 살면 안 된다. 오래된 슬픔은 현실의 삶을 망가뜨리기 때문이다. 아무리 사랑 때문에 상처받았다고 해도, 그럼에도 불구하고 우리는 계속 사랑해야 한다. 우리가 흘린 눈물은 헛되이 없어지지 않았다. 그 눈물은 생명의 자양분이 되어 나 자신을 살리고 성숙하게 만든다.

연인이 너무 울어서 지겹다는 남자가 있었다. 그러나 울지도 못하는 여자였다면 더 힘들었을 것이고 말해 주었다. 그렇게 많이 울었고, 그토록 절실하게 외로웠고, 그렇게 한없이 슬퍼했던 당신이라도 또다시 기회가 올 것이다. 사랑하기 위한 기회의 시간이 꼭 찾아올 것이다.

눈물을 흘리는 것은 감정을 표현하고 해방하는 일종의 정서적 소통이다. 감정을 억누르지 않고 표현함으로써 내면의 긴장과 스트레스를 완화할 수 있다. 눈물을 흘리면 신체적으로 긴장이 풀리고 스트레스가 감소한다. 스트레스 상태에서 눈물을 흘리면 실제로 체내의 스트레스 호르몬 농도가 감소한다는 연구 결과가 있다. 눈물은 상처받았을 때 자연스럽게 발생하는 생리적 반응이자 정서적인 치유 과정의 일부다. 감정적인 아픔을 통해 자신을 받아들이고 치유하는 데 도움이 된다.

눈물은 상대방과의 감정적 연결을 가져오고 상대방이 눈물을 흘릴 때 그에 대한 이해와 공감이 깊어짐으로써 사회적인 유대감을 형성할 수 있다. 눈물은 슬픔이나 아픔뿐만 아니라 기쁨, 설렘, 감사 등 긍정적인 감정의 표현 수단으로도 작용한다. 이러한 긍정적인 눈물은 특별한 순간을 나누는 소중한 경험이 될 수 있다. 그래서 깊은 유대감을 형성하게 된다. 이처럼 눈물은 우리가 더 나은 정신적인 건강과 감정적인 안정을 찾는 데 도움을 주는 강력한 도구 중 하나라고 할 수 있다. 눈물이 나면 자연스럽게 흘려보내는 것이 필요한 이유다.

분주한 마음을 내려놓고 고요히 나와 만나는 시간을 가지자. 너무 많이 힘들고 지쳐 있을 내 마음을 돌보고 어루만져 주자. 위로하자. 지금 자신이 하는 일의 소중함과 지금 곁에 있는 사람들의 소중함도 더 느껴보자. 자신의 길을 묵묵히 걸어가며 행복감도 느껴 보자. 날리는 바람의 향기도 맡아 보자. 묵묵한 걸음 속에 인생의 깊이가 생길 것이다.

PART 4

흔들림 없이
나를 사랑하는 마음

당신의 슬픔에도
위로가 필요하다

 오래전, 막 고등학생이 되었던 3월쯤에 혜선
이라는 친구가 말했다.

"너에겐 오래된 슬픔이 느껴져."

그리고 스무 살이 지난 어느 날 다시 만난 그 친구는 또다
시 말했다.

"너의 슬픔은 조금도 변하지 않았구나. 여전히 네 눈은 슬
퍼 보여."

그보다 더 어린 시절 사춘기 무렵에도 나이가 많았던 선생
님 한 분이 이렇게 말씀하셨다.

"너는 사슴처럼 슬퍼 보이는구나. 노천명의 시에 나오는
사슴처럼."

그래서 반 친구들이 내게 '사슴'이라는 별명을 붙여 주었다. 나는 그 별명이 싫지 않았다.

오랜 슬픔이 온몸과 영혼에 녹물을 흘린 것처럼, 그때의 나는 누렇고 푸르죽죽했었나 보다. 나의 십 대와 이십 대 초반은 그랬었다. 슬프지 않기 위해 고군분투했던 삶이 더 슬픈 여운을 남겼다. 누구에게나 그 시절의 내 이미지는 오직 '슬픔'이었다.

나는 슬퍼 보인다는 말이 싫지는 않았다. 오히려 나도 모르게 동의하고 있었다. 그리고 나를 이해해 주는 듯한 그 말에 고마움을 느꼈었다. 내면을 볼 줄 아는 몇몇 사람에게 나의 슬픔은 종종 들켰고, 그들의 진심 어린 말은 내게 오히려 위로가 되곤 했다. 내면을 볼 줄 모르고 가볍게 접근하는 사람들은 나를 전혀 이해하지 못했다. 내가 쓰는 한 줄의 시도, 내가 그리는 복잡한 그림도, 내면에서의 울림이 드러난 내 표정도, 말로 표현할 수 없는 내 마음의 목소리도.

그러나 한 번씩 나를 깊이 들여다보는 듯한 사람을 만나면 나의 모든 감각기관은 그 사람에게 집중되었다. 그런 사람을 놓치면 안 될 것 같은 불안과 집착은 심해졌고, 내 모든 에너지는 곧 고갈되어 버렸다. 에너지가 고갈되어 무기력증에 빠져들더라도 나를 알아주는 사람을 만나는 건 자주 찾아오는 행운은 아니었다. 그래서 그 친구를 잃지 않기 위해 노력하고 노력했다. 나를 시기하고 뒤에서 험담하는 것을 알면서도 놓지 못했다. 고통이 마음을 피폐하게 만들었고, 시간이 지나면서 그것은 내 환상이 만든 거짓 희망이라는 것을 알게 되었다.

나를 진심으로 이해하는 사람은 어디에도 없다는 것을 시간이 많이 지나고 나서야 알았다. 그리고 절망과 좌절의 시간이 오래 흘러갔다. 내가 나를 알아주고 깊이 이해하고 내 슬픔을 위로하는 시간이 필요했다. 그 깊은 슬픔의 시간 속에서 견디고 기다리면서, 진정한 나를 만날 수 있게 되었다. 나는 지금도 그 시절의 나와 같은 사람들을 만난다. 그리고 그들을 진심으로 이해한다. 버림받지 않으려는 그들의 몸부림을 이해하고 또 이해한다.

한겨울 술에 취해 길에서 아버지가 동사했던 슬픔을 가진 친구가 있었다. 아버지가 돌아가신 후 집안 사정은 몹시 어려워졌고 어머니는 집을 나갔다. 그 아이의 눈빛에서 표현하지 못할 슬픔을 읽었지만, 나는 겨우 그 애 옆에서 같이 눈물을 흘려 주었을 뿐이었다. 그 아이는 슬픔에 취해 살았다. 얼마 후 그 아이는 더 이상 학교에 나오지 않았다. 시간이 많이 흐른 후 그 아이가 죽었다는 소식을 들었다. 슬픔이 그 아이를 삼켜버린 것 같았다. 슬픔 때문에 죽기도 한다는 것을 그때 알았다. 슬픔이 슬픔을 밀어냈다. 어두운 생의 바깥으로.

마음속 깊은 곳에서 슬픔이 느껴진다면 그 슬픔이 어디서 왔는지를 한번 자신의 마음을 탐색해 보기 바란다.

어느 날, 엄마가 동생만 예뻐하고 동생만 새 옷을 사 주었던 적이 있는가? 그렇다면 그 순간에 엄마의 사랑을 빼앗겼다고 느끼게 되고 동생에게 심한 질투심을 갖게 되었을 것이다. 아빠가 빈둥거리고 있는 당신에게 다가와 "네 오빠를 본받아 봐. 이번에도 성적이 올랐잖아. 너는 도대체 잘하는 게 뭐니?"라고 말한 적이 있는가? 그 순간부터 아빠에게 인정받지 못하는 쓸모없는 인간이 되었다는 자괴감이 생기기 시작했을 것이다. 그때 이후로 자신감을 점점 잃어버리게 되고 사람들 앞에서 당당하지 못한 모습으로 굳어졌을지도 모른다.

이런 사소한 에피소드들을 일일이 다 기억하기는 힘들다. 기억나지 않는 사소한 충격이나 좌절감 같은 것들이 현재의 나를 형성하고 점점 굳어지고 있다는 사실을 기억하자. 그래서 그 사소한 슬픔이 하나하나 위로가 필요하다. 우리 삶에 드리워진 슬픔의 그림자에 마음이 아프고 상할 때마다 위로를 찾기 바란다. 슬픔은 삶의 일부이며 아주 인간다운 감정이다. 그래서 그 마음속 감정을 부정할 필요가 없다.

슬픔 속에서도 기억해야 할 중요한 것은 이 감정은 일시적인 것이라는 점이다. 시간이 지나면서 아픔은 차츰 덜어지고, 마음은 치유될 것이다. 살면서 생긴 슬픔을 용납하고 그런 자신을 다정하게 대해 주고 위로해 주어야 한다. 자기 자신을 비난하지 말고 받아들여 주어야 위로가 된다. 슬픔은 삶의 아름다움과 희망을 기억하게 해준다. 어둠이 있다면 빛이 있음도 안다. 슬픔이 지나간 후에는 기쁨이 펼쳐질 것이다. 그것이 우리에게 위로가 될 것이다. 사람에게는 언제나 누구에게나 따뜻한 위로가 필요하다. 위로는 차가운 가슴에 온기가 생기게 한다. 슬픔이 어둡기만 한 것은 아니다. 반짝이는 빛이 되어 마음을 물들이는 시간이 다가오도록 상처 입은 마음을 다독여 주면 된다.

난 원래 이런 사람이야

"난 원래 이런 성격이야. 속이 좁고 질투심이 많아."

"난 혈액형이 A형이라서 소심해. 어쩔 수 없어."

"난 짜증이 많은 성격이야. 어쩌겠어."

"나는 내향적인 성격이라 빨리 에너지가 고갈돼. 이런 나를 이해해야만 해."

우리는 이런 생각을 하면서 스스로를 규정지어 버린다. 항상 규정짓고 단정 짓는 친구가 있었다. 아무리 참아 주고 견뎌 주어도 그런 태도가 고쳐지지 않았다. "나는 원래 이런 사람이니 네가 맞춰 줘야겠어." 항상 나를 무시하는 듯한 이런 태도에 너무 지쳐 버렸고 지긋지긋해졌다. 그리고 서서히 멀리하게 되었다.

원래부터 '이런 사람'은 없다. 내향적이거나 외향적이거나, 감성적이거나 이성적이거나. 여러 가지 성격 유형으로 구분할 수는 있지만, 우리가 흔히 말하는 부정적인 성향이 원래부터 그런 것은 없다. 이는 어린 시절에 받은 상처나 충격에 의한 감정이 전인적으로 우리 몸과 마음속으로 흘러들면서 서서히 굳어져 버린 것이다. 대부분 상처의 감정들은 어느새 잊어버리고 기억이 나지 않게 되었다. 그래서 계속해서 변비에 걸린 것처럼 마음에도 변비가 생겨 묵직한 것이 찜찜하게 마음을 가득 채워 그렇게 된 것이다.

원래의 나를 찾게 하고 자유롭게 하고 새로 태어나게 만드는 시간이 필요하다. 원래의 내가 그렇게 소심하고 에너지가 없다고 부정적으로 인식하면 할수록 그런 사람이 되고 만다. '자기의 생각이 자기 자신이다'라는 말이 있다. 마음속 생각이 계속되다 보면 어느새 그 생각 속의 사람으로 굳어져 가는 것이다.

마음과 인생을 좀먹는
자기 비하의 감정

자기 비하의 마음은 정서적 건강과 삶의 질에 부정적인 영향을 미친다. 이런 마음이 계속되면 자아존중감이 감소하게 되고, 우울하고 불안한 마음이 커지게 된다. 그리고 마음에는 스트레스가 쌓인다. 습관적으로 자신을 비하하고 못나게 생각하는 마음을 가지고 사는 사람들이 있다. '나 같은 게 뭘 하겠어?' '나는 성공하지 못할 거야.' '이번 생은 망했어.' 이런 부정적인 말과 단어가 입에 붙어 있다.

이런 자기 비하는 너무나 습관적이어서 쉽게 고쳐지지 않는다. 그런 습관이 자신의 삶을 망치고 있다는 것도 깨닫지 못한다. 성공하고 싶다고 표면적으로는 생각하지만 마음속 깊은 곳에서는 아무것도 할 수 없다는 부정적인 생각으로 가득하다. 그런 부정적 생각으로 가득한 자기 자신을 비하하는 감정으로 가득 찬다. 자기 비하는 감정적인 불안과 우울을 유발할 수 있다. 부정적인 자기 언어는 마음을 점점 병들게 한다. 자기 비하는 사람을 주변과의 관계에서 어려움을 겪게 만들며 대인관계에 부정적인 영향을 미친다. 세대 간의 갈등이나 남자와 여자의 갈등, 빈부의 갈등 등으로 비화해 사회적 문제로 확대되어 나타날 수도 있다. 자학적인 자기 비하는 익명성을 빌미로 악플을 달거나 남을 괴롭히면서 희열을 느끼는 이상 성격으로 비화하기도 한다. 사람이 사람에게 적대적이 되는 것. 처음엔 자기를 비하하고 못나게 생각하기 시작하면서부터 시작되었다. 나 자신을 미워하고 배척하는데 타인을 사랑하고 받아들일 수 없다.

이제 자기성찰을 통해 자아에 대한 정확한 인식을 갖고 긍정적인 변화를 끌어내야 한다. 작은 목표라도 설정하고 성취감을 느끼는 것은 자아존중감을 높일 수 있는 효과적인 방법이다. 작은 목표부터 시작하여 작은 성공을 경험하기 시작하면 자신감을 키울 수 있다. 못났다고 생각하는 마음을 멈추고 자신을 이해하고 받아들이고 자신을 사랑하고 보살피기 시작해야 한다. 자기 비하라는 힘들고 어려운 감정을 이겨내기 위해 다양한 방법으로 노력하면 효과적인 방법을 찾아낼 수 있다. 무엇보다 부정적인 생각이 들면 멈추는 연습이 필요하다. 그러면 자신을 충분히 인정하고 존중하는 마음을 키워 나갈 수 있다.

두려움을 이겨내야
내면의 아름다움이 피어난다

나는 바다를 좋아한다. 에메랄드빛 바다, 잔잔히 펼쳐져 있는 바다. 그래서 휴가를 떠날 때면 언제나 바다가 보이는 곳으로 가게 된다. 예전에 휴식을 위해 가졌던 휴가 동안 두 시간 정도 배를 탈 일이 있었다. 갈 때는 잠잠하던 바다가 돌아올 때는 몹시 사나운 표정으로 바뀌었다. 수영도 못하는 나는 파도가 높이 오를 때마다 치솟았다가 다시 푹 가라앉는 배 안에서 비명을 질러댔다. 배 안에는 삼백 명 정도의 승객이 있었고, 그중에 몇몇은 나처럼 비명을 지르고 있었다.

"으악, 난 이런 바다를 좋아하는 게 아니야!"

아직 남은 시간은 1시간 55분. 그 시간은 너무 길었다. 그

긴 시간 동안 공포에 시달릴 생각을 하니 눈앞이 캄캄해졌다. 여기저기서 구토하는 소리가 들렸으나 주위를 둘러보니 태반의 사람들은 깊은 잠에 빠져 있었다. 어떻게 이런 상황에서 잠이 오지? 이해할 수 없었지만 잠든 그들 때문에 오히려 안심되기도 했다.

그러다 문득 허리를 곧추세우고 뱃전에 부딪히는 파도를 바라보기 시작했다. 거친 바람에 숨을 몰아쉬는 바다의 얼굴을 정면으로 쳐다보며 심호흡하기 시작했다. 크게 숨을 들이켰다가 천천히 숨을 내쉬었다. 열 번, 스무 번, 계속 심호흡을 하기 시작하자 불안과 두려움이 조금씩 가라앉기 시작했다. 놀라웠다. 일 미터, 이 미터 이상 높이 치솟는 파도를 눈을 부릅뜨고 직면하자 신기하게도, 배의 심한 출렁임이 더 이상 무섭게 느껴지지 않았다.

한 시간이 지나자 마음이 평안해졌고 놀랍게도 재미있기까지 했다. 파도를 직면하니 침몰에 대한 두려움이 사라진 것! 그것은 오래전 깨달음을 다시 확인하게 했다. 우리는 무서운 파도를 보면 본능적으로 보지 않으려고 회피하고 웅크리게 된다. 내가 앞좌석에 머리를 기대고 눈을 질끈 감고 있을 때는 두려움이 없어지지 않았지만 또렷한 눈빛으로 파도를 직면했을 때 두려움이 사라진 것처럼, 삶의 파도를 외면하지 않고 두 눈 맑게 뜨고 직면하면 두려움이 사라질 것이다. 그 파도를 넘어서고 두려움도 넘어설 수 있다.

살아가면서 상처를 받고, 고난을 받고, 시련에 부딪히고, 배신당하고, 실패하고, 좌절할 때마다 파도는 숨넘어갈 정도의 공포를 주고 우리를 침몰시키려고 한다. 파도를 경험해 본 사람은 안다. 그것이 얼마나 뛰어넘기 어려운 공포인지 말이다. 누구는 얕은 파도에도 공포를 느끼고 누군가는 집채만 한 거대한 파도에도 꿈적하지 않는다.

문제는 파도의 크기가 아니라 파도를 대하는 우리의 자세와 해석이다. 한번 피하게 되면 평생 피해야 한다. 평생 피해서 도망을 다녀도 끝까지 피할 수도 없다. 두려움을 넘어서지 않으면 평생 두려움에 시달려야 한다. 두려움을 넘어서야 치유도 되고 용서도 된다. 우리는 두려움을 넘어설 수 있다.

두려움에 맞서기 위해서는 먼저 자기 자신을 이해하는 것이 중요하다. 자신이 무엇을 두려워하는지, 그 두려움의 근본 원인은 무엇인지에 대한 인식을 가지는 것이 첫걸음이다. 두려움을 극복하려면 실패에 대한 두려움도 함께 이겨내야 한다. 실패는 성장의 기회일 뿐이며, 그 경험을 통해 더 강해지고 더 많은 것을 배울 수 있다. 실패가 무서워 시도하지도 않으면 안 된다. 지속적인 도전이 두려움을 이기게 한다. 무엇이든 익숙해질 때까지 계속 도전해 나가는 과정이 용기를 키운다. 그 과정을 통해 자존감이 높아질 수 있다. 자기 존중의 마음도 커진다. 두려움에 당당히 맞서고 있는 자기 자신을 보며 스스로 대견하다고 여기게 될 것이다.

두려움을 넘어서
빛으로 나아가기

두려움의 파도를 넘는 어려운 여정이지만, 이를 통해 우리는 진정한 자아를 발견하고 성장할 수 있는 기회를 얻는다. 용기를 내어 자신에게 주어진 두려운 순간을 극복함으로써 더 강하고 지혜로운 사람으로 성장할 수 있다.

각 분야에서 두려움을 극복하고 성취한 인물들이 수도 없이 많다. 그들의 도전과 성공은 모두에게 영감을 주고 희망을 준다. 그런 유명인이 아니더라도 우리 모두는 두려움을 넘어서며 빛나는 삶의 주인공으로 살 수 있다.

아론 로웰은 자신의 팔을 자르고 생존한 이야기의 주인공이다. 그는 등산 중에 바위에 껴서 갇힌 후 127시간 동안 산속에서 살아남았다. 죽음의 두려움을 극복해 낸 놀라운 사람이다. 제니퍼 리는 높은 곳에서 떨어져 심한 손상을 입은 후에도 세계적인 스키 선수로 성장했다. 장애에도 불구하고 자신의 꿈을 향해 전진하며 많은 사람에게 용기를 주었다. 닐스 바우디는 힘든 어린 시절을 보냈지만 힙합 뮤지션으로서 자신만의 스타일과 메시지를 전하며 두려움을 극복했다. 그 밖에도 수많은 사람이 다양한 방식으로 두려움을 극복하고 자신이 원하는 바를 성취했다.

두려움을 극복한 사람들의 특징을 살펴보면, 그들은 용기를 가졌고 결단력이 있다. 어려운 상황에서도 두려움에 맞서고, 변화를 위해 결단력 있게 나아가는 모습을 보인다. 또한 실패와 좌절의 과정을 부정적으로만 보며 오래 쓰러져 있지 않고 일어나 성장의 기회로 삼는다. 모든 삶의 순간은 고통이 스며 있지만 고통조차도 부정적으로 보지 않는다. 삶을 대하는 태도가 긍정적인 것은 매우 중요하다.

어떤 실패와 고통의 시간도 다 나쁘지는 않다. 그래서 우리 모두는 파도를 넘어설 수 있는 것이다. 그들도 우리와 다르지 않다. 우리도 그럴 수 있는 용기가 있다. 용기를 낼 결단이 필요할 뿐이다. 파도를 넘어설 수 있다는 자기 믿음으로 자신의 존재를 가치 있게 생각하는 것이 필요하다. 파도를 넘어서니 또 다른 파도가 온다고 불평하며 투덜댈 필요는 없다. 좌절과 낙담은 쉽지만 희망과 용기는 언제나 어렵다. 그러나 그 어려운 걸 해내고 나면 파도가 와도 넘어가고 또 넘어갈 수 있다. 그걸 해내고 나면 해내는 것이 습관이 된다. 때로는 주변 사람들의 지지와 도움을 받을 수도 있다. 가족이나 친구나 동료들과의 관계를 소중히 여기고, 그들의 지지를 받으면 용기를 내는 데 큰 도움이 된다.

성숙하고 아름다운
인생을 위해

앞으로도 우리는 수많은 파도를 만날 것이다. 예기치 않은 파도가 우리의 생명을 위협할지도 모른다. 그러나 파도를 직면할 용기가 있는 한 우리는 침몰하지 않을 것이다. 그냥 눈을 들어 파도를 보기만 해도 점점 빠져나올 방법이 보이기 시작한다. 내가 직면하는 동안 파도는 더 이상 파도가 아니고 내가 탄 배는 안전하며 그 출렁거림을 놀이기구 타듯이 즐길 수 있게 된다. 두려움을 즐길 수 있게 되다니. 그럴 수만 있다면.

튼튼한 배를 타고 있어도 항해의 즐거움을 못 느끼고 두려움만 느끼게 된다면 큰 문제다. 내 인생의 배는 결코 침몰하지 않을 것이다. 침몰하지 않을 것이라는 믿음이 그것을 가능하게 한다. 파도가 쳐서 배가 흔들릴 때도 있겠지만, 인생의 항해는 멈추어지지 않을 것이다. 당신의 아름다운 인생의 배에는 앞으로 많은 사람이 승선하게 될 것이다. 그들과 함께하는 추억의 시간이 어느새 배 안을 가득하게 채울 것이다.

파도를 지나오면서, 또다시 파도를 넘으면서, 두려움의 시간을 넘어서면 평화와 행복을 만난다. 환경과 상황에 상관없는 행복과 자유를 느끼게 된다. 우리 생애에 넘지 못할 파도는 없다. 파도가 더 이상 공포의 대상이 아니라 나에게 용기와 성숙을 가져다주는 것을 믿게 된다면, 그런 사람은 그때부터 다른 차원을 살게 된다. 파도를 뛰어넘어 성숙해진 사람은 아름답고 향기롭다.

마음의 상처를 치유하는
온유한 사랑

세상의 수많은 가수가 사랑의 아름다움에 대해 노래한다. 수많은 문학작품과 영화나 드라마에서도 사랑 이야기는 빠지지 않는다. 그만큼 인간의 삶에서 사랑은 중요하다. 우리의 삶에서 사랑이 빠지면 아무것도 남지 않는다. 하지만 각기 다른 성격만큼이나 사랑에 대한 해석과 느낌도 다양하다.

성경에는 신이 인간을 사랑으로 창조했다고 기록되어 있다. 그리고 혼자 있으면 그 사랑을 온전히 이루지 못하고 외롭기 때문에 남자를 만들고 여자를 만들었다고 했다. 사랑을 하고 사랑을 받는 기능이 있는 사람이 건강하다는 것이다. 사랑 그 자체인 신이 그 자신의 형상으로 우리를 창조했다고도 했다. 이 내용에 근거하면, 누구나 사랑을 하게 되면 행복하게 살 수 있다는 뜻이 된다. 사랑은 작은 의미에서부터 넓은 의미까지 폭넓은 의미를 가지고 있다. 세상에 존재하는 사랑의 개념은 온유하며 오래 참고 분노가 없고 이타적인 상태를 말한다.

그중에서도 '온유한 사랑'은 특별하다. 나는 치유의 현장에서 아픈 사람들을 무수히 만나면서 이 온유한 사랑에 대한 필요성을 더욱 절실히 느끼게 되었다. 온유한 사랑은 매우 아름답지만 너무 드물다는 것 또한 느꼈다. 그렇다면 '온유하다'라는 말의 의미는 무엇일까? 분노가 없는 온화하고 자애로운 심성을 말한다. 또한 성격이나 태도가 언제나 안정적이며 부드러운 특징을 가진다. 감정의 기복이 크지 않고 한결같은 안정감이 배어 나오는 모습이다. 온유한 성품이야말로 치유 이후 혹은 깨달음을 얻은 이후 전인적 성장을 이룬 사람들의 가장 고귀한 성품이라고 생각한다. 단언컨대, 온유는 최고의 성품이다! 이 온유한 성품의 사랑이 온유한 사랑이다.

결혼할 대상을 찾는다면 온유한 성품을 가진 사람을 1순위로 찾기 바란다. 그러면 반드시 행복해질 것이다. 둘 다 온유하면 갈등이 없다. 왜냐하면 서로 상대를 배려하며 상대의 단점까지도 온화하게 감싸줄 수 있기 때문이다. 어떤 성격 유형이든지 간에 온유한 성품을 가지면 분노가 없고 공감적이며 따뜻하고 친절한 사람이 된다. 이런 사람과 결혼하면 행복해질 수밖에 없다. 내가 알고 있는 몇 안 되는 행복한 부부는 둘 다 온유한 사람들이었다. 남편이 온유한 경우 아내인 여성의 얼굴에는 행복감이 가득했다.

"남편은 화를 내지 않는 사람이에요. 제 부족한 면도 항상 감싸주고 아이들에게도 늘 사랑으로 대해 줘요. 저는 남편이 존경스러워요. 저는 정말 행복한 사람이에요."

온유한 성품을 가진 사람 곁에 있으면 불안하지 않다. 그의 안정감과 편안함은 원래의 불안까지 떨어뜨리고 늘 안전하다는 느낌을 갖게 한다. 언제 화를 내며 무섭게 돌변할지 몰라 두려워하게 되는 상대가 곁에 있다면 늘 긴장하게 되고 불안해진다. 그러므로 온유한 사람과 친구가 되고 온유한 사람과 결혼하길 바란다. 돈보다 직업보다 성품이 우선이다. 직장이 아주 좋지 않아도 되고 스펙이 훌륭하지 않아도 상관없다. 온유한 사람을 찾기 위해서 자기 자신부터 온유한 성품을 갖기 위해 노력해야 한다.

그런데 자신이 온유하지 않거나, 내 연인이 온유하지 않고 불같이 화를 잘 내는 사람이라면 어떻게 해야 할까? 이미 사랑에 빠져 있고 헤어지기 힘든데 어떻게 해야 할까? 결론은 아무리 힘들어도 헤어져야 한다. 분노하는 사람 곁에서 멀어져야 한다. 온유하지 않은 것은 화를 품고 살고 있다는 것이다. 화를 품게 된 것은 상처받은 마음 때문이다. 상처를 치유해야 화가 사라지고 온유해질 수 있다. 상처가 있는 한 온유해질 수 없다.

"저는 따뜻하고 부드러운 사람을 만나고 싶어요. 그런 사람을 만나기 위해 기도했어요. 지금까지 만났던 남자들은 모두 화를 잘 내고 저에게 상처를 주었거든요. 그중 어떤 남자는 폭력적이기까지 했어요. 그래서 헤어지게 됐는데 이별하는 건 항상 너무 힘들었어요. 이제는 좋은 사람을 만나서 행복해지고 싶어요."

그 좋은 사람이란 온유한 성품을 소유한 사람을 말한다.

온유한 마음을 가진
사람을 찾아서

내 마음이 차갑고 날카롭다면 온유한 사랑을 찾아야 한다. 온유한 사랑은 마음속의 깊은 상처를 서서히 녹이고 치유하는 능력이 있다. 자신의 기분에 따라 성급하게 화를 내거나 강요하는 태도는 진정한 사랑이 아니다. 자신의 상처를 처리하지 않은 사람은 연인에게 온유한 사랑을 줄 수 없다. 가장 가까운 가족에게도 고통만 주게 된다.

우리는 스스로가 얼마나 조급하며, 화를 잘 내며, 상대방을 쉽게 비난하는지 알고 있다. 마음속에 자리 잡은 상처는 온유함과는 반대되는 성품을 기르고 소중한 사람에게 자꾸 상처를 주게 된다. 이 온유한 성품은 치유 이후에 서서히 형성되는 최고의 성품이다. 온유한 사람이 궁극적으로 인생을 성공적으로 산다고 생각한다. 온유함이 품어 내는 능력이 그 사람을 빛나게 하고 지혜롭게 만들어 무슨 일이든 잘 해내게 하고 성공하게 한다.

분노가 많고 폭력적인 사람들은 자신이 그런 사람이라는 사실을 인지하지 못한다. 원래 사람은 다 그렇다고 합리화하며 미성숙하게 산다. 그래서 온유함의 반대는 분노다. 온유함은 얼굴과 태도에서 저절로 나타나기 때문에 우리는 쉽게 알아볼 수 있다. 아무리 온유한 척 연기해도 분노가 많은 사람은 결국 정체가 탄로 나게 된다. 마음에서 더는 짜증과 화가 나지 않는 안전한 성품을 찾아가야 한다. 아주 조금씩 천천히 온유해지도록.

아픔의 시간을 넘어서서
성숙하고 빛나는 나를 찾아서

우울증에 대한 오해들이 많다. 많은 사람이 우울증은 정신력이 부족해서 생긴다거나 의지박약인 사람에게 생기는 질병이라는 편견을 갖고 있다. 아직도 우울증에 대한 사회적 시각은 차갑고 오해가 많다. 주변 사람들의 냉대와 오해는 우울증을 앓고 있는 사람들을 더욱 차가운 나락으로 밀어 넣는다. 심지어 어떤 종교집단에서는 우울증이 귀신이 들린 증상이라고 하여 상처를 주고 있다.

우울증은 남녀노소 누구나 걸릴 수 있다. 크나큰 성공을 이룬 사람도, 큰 문제가 없는 사람도 어느 순간 누구나 걸릴 수 있다. 감기 증세처럼 가벼운 우울증을 대수롭지 않게 여기며 방치하면 말기 암처럼 심각한 우울증이 되기도 한다. 그래서 치료가 힘들고 오래 걸리게 된다. 우울증이 심해지면 마음에 부정적인 생각이 가득 차게 된다. 우울증 때문에 생긴 부정적 생각은 자신의 것이 아니다. 그저 증상일 뿐이다.

'나는 죽어야 해. 내 인생은 달라지지 않을 거야. 아무도 날 좋아하지 않아. 내 인생은 엉망이 되어 버렸어. 오래전에 나는 실패했어. 나는 결코 성공하지 못할 거야. 내가 노력을 안 한 건 아니야. 할 만큼 했어. 이제 더 이상 어쩔 수 없어…' 이런 생각이 계속 든다. 우울증이 심해지면 긍정적인 생각은 모두 사라지고 없다. 자신을 비난하며 비하하고 자신의 미래를 어둡게 전망하게 만드는 것이 우울증이기 때문이다.

우울증은
나을 수 있다

우울증은 치료되는 병이지만, 치료하지 않거나 시기를 너무 늦추어서 죽음을 불러오기도 한다. 때때로 낫지 않을 것 같은 불안과 좌절감이 찾아오겠지만, 아무리 오래 걸린다 해도 치료를 멈추지만 않으면 나을 수 있다. 우울증은 희망을 빼앗는 질병이기 때문에 나을 것이라는 희망적인 생각을 갖기가 가장 힘든 병이다. 그래서 희망을 품으라고 강요하면 안 된다. 심한 우울증 상태를 경험해 본 사람은 안다. 그 지독한 시간을 지나는 동안 가장 힘든 점이 희망을 갖는 것이라는 사실을.

가벼운 우울증 상태에서 증상이 갑자기 심해지는 경우가 있다. 그런 사람은 우울증이 오랫동안 진행되어 왔을 것이다. 그 오랜 시간 동안 우울감이 마음의 밑바닥에 가라앉아 있다가 갑자기 심해지는 것이다. 우울증이 심한 사람에게, '의지를 가져라', '정신력을 가져 봐라', '긍정적으로 생각해'라고 말하면 안 된다. 우울한 자신에게도 비난하면 안 된다. 비난하면 우울증은 낫지 않고 심해진다.

우울증이 심해지면 의지와 의욕이 사라진다. 작동불능이 된 마음과 생각, 절망적 강박적 생각들, 무기력한 신체, 깊은 슬픔과 깊은 외로움, 이런 감정으로 가득 차게 된다. 우울증이 심한 사람 곁에 말없이 함께 있어 주는 사람이 치유자라고 생각한다. 손 한번 따스하게 잡아주고 힘들다는 얘기에 공감해 주면 된다. 뭔가 도움을 주려고 섣부른 조언을 하면 안 된다. 섣부른 조언이 왜 안 될까? 그 조언대로 할 수가 없기 때문에 더 심한 자책감이 생겨 우울증이 심해지기 때문이다.

아주 심한 우울증 환자가 곁에 있다면 치료를 멈추지 않도록 격려해 주고, 치료가 될 때까지 기다려 주면 된다. 주위의 사람들이 조급하게 서두르면 안 된다. 우울증은 정신력이 약해서 생기는 것이 아니다. 신경전달물질의 불균형, 과도한 스트레스, 사회적 고립, 대인관계의 문제, 경제적 어려움이 지속되는 등의 다양한 이유가 있다. 그 밖에도 복합적인 이유들이 있을 수 있다. 그래서 비난도 자책도 하면 안 된다. 초기에는 마음이 통하는 친구와 대화하는 것이 도움이 된다. 그러나 심해지면 전문가를 찾아가는 게 좋다. 심한 우울증 증상을 받아주고 이해해 줄 일반인은 없기 때문이다. 정신과 의사나 심리치료 전문가를 찾아가서 전문적인 치료를 받는 게 더 낫다.
자신의 의지로만 이기려고 하다가 치료 시기를 늦출 수 있다. 마음속 상처와 트라우마를 전문가와 깊이 나누며 상담하는 시간이 필요할 수 있다. 자신에게 맞는 해결 방안을 찾아가며 해결하면 된다.

성숙하고 빛나는
나를 찾기 위하여

지금도 어딘가에서 조용히 죽음을 생각하는 사람이 있을 것이다. 용기가 있어서 자살하는 것이 아니다. 우울한 상태가 깊어지면 죽음만 생각하는 상태로 가게 된다. 흔히 "자살할 용기가 있으면 살지, 죽긴 왜 죽어!"라고 말한다. 그것도 우울증에 대한 오해에서 비롯된 생각 없는 말이다. 죽을 용기가 있는 사람이 있을까? 그 두려움을 이길 용기는 있을 수 없다.

고통의 한가운데서 죽음에 대한 생각이 든다면 마음이 치유되어야 한다. 살아남아서 자신의 아름다운 모습을 발견하고 마음 깊이 행복해져야 한다. 치유를 도와줄 사람을 적극적으로 찾고 평생이 걸리더라도 치유의 걸음을 멈추지 않아야 한다. 우울증을 극복하고 치유를 이루고 나면, 크나큰 보상을 받게 된다. 우울을 치유하는 동안 특별한 깨달음을 가지게 된다. 더 나아가 모든 사람에 대한 깊은 통찰로 이어져 용납하고 수용하는 태도를 지닌 훌륭한 인격을 갖게 된다.

고통 없이도 성숙과 성장을 이룰 수 있지만 고통 속에서 더 단단한 내면의 성숙을 이룰 수 있다. 아름답고 빛나는 자신을 비로소 찾을 수도 있다. 삶에서 다 나쁜 것은 없다. 고통 없이 사는 것이 좋겠지만 극심한 고통 속에서도 빛이 나는 사람도 있다. 아픔의 시간이 지나면 성숙의 열매가 익어가고 기쁨은 열 배가 된다.

"왜 저만 이렇게 우울하고 힘들까요? 행복하게 사는 사람도 많은데."

이런 말을 흔히 듣는다. 그런 태도보다는 이렇게 자기 자신에게 말해 보자.

"이 아픔의 시간을 넘어서서 성숙하고 빛나는 나를 찾아야 해. 나는 그럴 수 있어!"

과거의 시간 속에 있는
나를 넘어서기

"나의 과거 모습이 정말 싫어요. 너무 싫어요. 내 과거를 알고 있는 사람도 만나기 싫고, 지금 이 자리에서 완전히 숨어 버리고 싶어요."

지나간 시간을 돌이켜보면서 자신의 모습이 자랑스러운 사람보다는 옛날 자기 모습이 부끄럽고 싫다는 사람이 더 많다. 혼자서 모든 걸 다 감내하며 힘겹게 살아온 자기 모습이 안쓰러워서 그만큼 돌아보기 싫어서이기도 할 것이다. 과거의 나와 이별을 너무 서두르면 현재의 나도 과거 속에 그대로 갇히게 된다. 과거의 나를 성찰하고, 찬찬히 들여다보고, 보내줄 준비를 하면 현재의 나도 선명하게 보이고 건강한 자아를 찾을 수 있게 된다. 안 본다고 기억에서 지워지는 것이 아니다. 과거의 해결되지 않은 감정은 계속 현재진행형으로 머물러 있다.

"나는 내가 싫어."

이렇게 말한다면, 그것은 과거의 경험이 흘러와서 만들어진 현재의 자기 모습을 싫어하는 것이다. 우리는 과거의 시간에서 자유롭지 못하다. 애써 외면할수록 늪에 빠지는 느낌을 가지게 된다. 과거의 시간이 떠내려와 현재의 나를 만든다. 현재 내가 원하는 내가 되어 있지 못하다고 해서 모든 시간이 무의미한 것은 아니다. 지금 현재로도 충분히 삶은 위대하다.

보이지 않는 내면의 나를 싫어하게 되면 주변 사람들이 나를 싫어하게 될까 봐 전전긍긍하게 된다. 과거와 현재의 나를 인정하고 좋아하게 되면 다른 사람들이 인정해 주지 않아도 괜찮은 마음이 든다. 더 이상 다른 사람의 평가에 연연하지 않게 된다. 남들이 나를 싫어하든 좋아하든 그게 무슨 상관인가? 쓸데없이 남의 시선까지 극도로 신경 쓰면 내가 쓸 에너지가 모자라게 된다.

너무 열심히 살아왔다면 조금 덜 열심히 살아도 된다. 가끔 여유를 가지고 여행도 하고 나를 위해 돈을 쓰고 맛있는 걸 사 먹어도 좋다. 사치나 허영은 독이 되지만, 자신을 위해 한 푼도 쓰지 못한다면 그것은 더 문제다. 지금까지 힘겹게 여기까지 살아왔으니 자기 자신에게 선물도 해 주면 좋겠다. 스스로 마음을 풍요롭게 채우는 시간이 필요하다. 과거는 우리의 삶에서 중요한 부분이지만, 그것에 매몰되어 머물러 있기보다는 과거를 극복하고 현재를 더 나은 방향으로 향하도록 노력하는 것이 중요하다. 또한 과거의 실수나 어려움은 배움의 기회가 된다. 그 경험을 통해 무엇을 배웠는지를 살펴보고, 미래에 도움이 될 지혜를 얻을 수 있다. 나 자신을 인정하고 좋아하는 것은 자기 존중감과 긍정적인 자아 이미지를 형성하는 중요한 과정이다.

긍정적인 생각을 마음에 채워 자주 자기 자신에게 격려와 칭찬을 해 주는 것도 중요하다. 자기 발전과 성장이 조금씩 이루어질 때마다 어떤 면에서든 개선되고 발전되고 있는 모습을 인식하고 기뻐하자. 자신에게 좀 더 너그럽게 대하면 좋겠다. 완벽하지 않아도 괜찮다. 혹시 주변에 긍정적인 사람들을 찾을 수 있다면 그 사람과 자주 대화하고 가깝게 지내도 좋을 것이다. 주저하지 않고 작고 새로운 도전을 해 보는 것도 좋다.

성공과 실패를 경험하면서 자신에 대한 새로운 인식과 통찰을 얻을 수 있다. 무엇보다 다른 사람의 평가에 의존하지 말아야 한다. 변화와 성장은 삶의 일부이다. 어떻게 변했는지를 인식하고, 어떻게 더 나은 사람이 되어 가는지 살펴보아야 한다. 과거를 넘어서서 그 속에 갇힌 나 자신도 넘어서기 시작하면 새로운 세계가 열린다. 과거는 우리의 삶에서 떠나갔지만, 여전히 현재의 삶 속에 과거가 묻혀 있다. 과거의 경험과 교훈은 우리를 더 강하고 지혜롭게 만들어 줄 수 있다. 그것이 혹독한 시간이었다 해도 결코 다 나쁘지는 않다는 사실을 기억해야 한다.

나는 내 인생의
주인공이다

사람은 누구나 인정받고 싶은 욕구가 있다. 다른 사람이 나를 훌륭하다고 인정해 주기를 바란다. 회사에서도 상사가 인정해 주기를 원하고, 부모님도 나를 인정해 주었으면 한다. 다른 사람에게 인정받으면 기분이 좋아지는 것은 당연하다. 그러나 더 중요한 것은 자기 자신으로부터 인정받아야 한다. 내가 나를 어떻게 보고 있는지에 대한 주제는 일생을 두고 중요한 주제가 된다. 또한 이것은 삶을 대하는 태도를 만들고 나와 타인을 인식하게 하는 기초가 된다.

자존감(Self-esteem)은 자기 자신을 훌륭하고 능력 있고 매력 있는 존재로 보고 싶은 욕구다. 그래서 자존감이 높은 사람은 스스로를 인정하고 타인의 평가에 신경 쓰지 않지만, 자존감이 낮은 사람은 자기 스스로가 낮은 평가를 하고 있기 때문에 다른 사람이 자신을 어떻게 보는지가 매우 중요하게 된다.

자존감이 높은 사람은 자신을 신뢰하기 때문에 매사에 긍정적이고 적극적이며 창의적이다. 또한 다른 사람을 존중하고 편하게 해주기 때문에 좋은 인간관계를 맺는다. 반면에 자존감이 낮은 사람은 열등감이 깊어 위축되어 있어서 타인과의 관계 맺기에 어려움을 겪는다. 우울증이나 편집증 등의 신경증에 걸리기도 쉽다.

자존감이 낮은 사람은 무의식적으로 자신이나 타인을 괴롭게 한다. 끊임없이 타인의 인정에 목말라한다. 스스로를 무가치한 존재라고 인식하기 때문에 자신의 존재를 가치 있다고 말해주는 누군가를 계속 갈구하게 된다. 그래서 평생 숨 가쁘게 허덕거리는 느낌으로 산다. 왜 자존감이 낮아지는 것일까? 모든 사람은 태어날 때 원래 자존감이 건강하게 형성되어 있다. 그런데 왜 낮아지는 걸까. 어린 시절로 거슬러 올라가면 거부당하거나 학대받은 느낌이 지속되어 나타난다. 예를 들면, 부모가 자신도 모르게 아이에게 상처를 주면 자존감이 낮은 아이가 되게 만든다. 혹시 아주 어릴 때 이런 소리를 들은 적이 있었던가.

"바보 같은 애."

"너 때문에 창피해 죽겠어."

이런 말들을 들었다면 깊은 무의식에 '바보 같은 나', '창피한 존재인 나'를 새겨 넣고 자존감이 낮은 상태로 자라게 된다. 체벌을 정당화하는 환경에서 매를 많이 맞고 자라게 되면 마음에 상처를 입어서 자존감이 낮아지게 된다. 또한 과도한 경쟁에서 패배하여 좌절감을 많이 경험하게 되었을 때 자존감이 낮아지고, 자신이 무능력하다고 인식하게 된다. 이처럼 낮은 자존감은 대부분 인간관계와 환경에서 만들어진다.

이렇게 자존감이 낮아지면 매사 자신감이 없고 인생을 성공적으로 끌어가기 어렵게 된다. 낮은 자존감의 마음속 문제는 더 심각하다. 열등감과 우울증이나 편집증 등의 심리적 문제를 일으키거나 가까운 사람들을 향한 질투와 시기가 심해진다. 무의식적으로 패배 의식과 피해의식에 젖어 있기 때문에 좋은 사람을 알아보지 못하거나 건강한 인간관계를 맺기 힘든 상태가 된다.

자존감 회복을 위한
내 마음의 노력

자존감을 높이기 위해서는 노력이 필요하다. 그 노력은 누구나 할 수 있을 정도의 수준이니 걱정할 필요 없다. 먼저 내면에 쌓인 자존감을 낮게 만들었던 메시지들을 쓸어내야 한다. 그리고 자신의 가치를 믿어 주면 된다. 그러면 자신의 재능을 알아차리게 된다. 누구에게나 있는 크고 작은 재능은 자존감이 낮아 숨겨져 있었을 것이다. 그다음엔 다른 사람과 비교하여 자신의 가치를 끌어내리는 습관을 고쳐야 한다. 이 세상에 같은 사람은 단 한 명도 없다. 그 다름을 인정하고 남들과 꼭 같아야 할 필요가 없음을 인식해야 한다. 자신이 귀하고 존중받아야 하는 존재임을 믿어야 한다. 자기 자신을 신뢰하고 사랑해 주어야 한다. 다른 사람과 비교하는 심리에서 이미 진 것이다. 이미 자기 존재를 부정하고 자신의 가치를 낮게 평가하기 시작하기 때문이다. 우리는 인생에서 이겨야 한다.

"이렇게 못생겼는데 어떻게 나를 사랑한단 말이야?"라는 생각 대신에 "나는 개성 있고 멋진 사람이야"라고 생각해야 한다. 외모보다 중요한 것은 자존감이다. 외모가 뛰어나도 자존감이 낮으면 자신의 외모를 못났다고 해석한다. 자존감 높은 사람은 외모와 상관없이 매력적이다. 편견 없이 자신과 타인을 받아들이고 인간관계에서 신뢰를 금방 쌓을 수 있다.

자존감 높은 사람은 사람에 대한 태도가 관대하다. 다른 사람들에게 어떻게 보일까 신경 쓰지 않는다. 실수해도 금방 인정하고 잘못을 사과하고 자존심을 내세우지 않는다. 또한 혼자 있어도 두려워하지 않는다. 타인에게 의지하려 하지 않고 혼자서도 뭐든 잘 해낸다. 반면에 자존감이 낮은 사람은 가까워진 사람에게 너무 의지하고 집착한다. 사귀다 서로 맞지 않아 헤어져도 자신이 버림받았다고 생각하며 상대방에게 증오심을 드러낸다. 거울 속의 자기 자신의 모습을 가만히 들여다보자. 그 모습이 좋은가? 아니면 혐오스러운가? 거울 속 자신에게 환하게 웃어주며 칭찬해 줄 수 있는가? 자신이 무엇을 좋아하는지 아는가? 자신이 자기 인생의 주인공임을 알고 있는가?

그 목소리에 모두 부정적인 대답을 한다면 집 밖으로 나가서 달려보자. 그리고 이렇게 외쳐 보자.

"나는 소중한 존재다. 나는 나를 사랑한다. 나는 성공적으로 내 꿈을 이룰 것이다. 내게는 놀라운 잠재력이 있다. 나는 매력적이다. 나는 행복하게 살 것이다."

늘 밀어내기만 했던 자신을 수용하는 것이 자존감 회복의 핵심이다. 부족한 부분을 인정하면서도 자기 자신을 수용해야 한다. 자신의 몸과 마음을 위해 건강한 식습관, 충분한 휴식, 규칙적인 운동 등의 노력이 필요하다. 이런 노력은 신체적 정신적 건강을 증진해 주고 마음의 회복을 도와 자존감을 높이게 된다. 자신을 긍정적으로 보여주는 주변 사람들과 만나거나 대화하고 긍정적인 영향을 받는 것도 도움이 된다.

자기를 비난하고 비판하는 태도를 돌아보고 자제하는 노력을 계속해야 한다. 자존감 회복은 시간이 걸리는 과정이므로 인내심을 가지고, 지속적으로 노력하는 것이 중요하다. 긍정적인 확언들을 일상에서 자주 반복하고 내면화하면, 자신에 대한 긍정적인 태도와 자존감을 높일 수 있다. 긍정적인 자기 대화는 자신을 지속적으로 강화하고 성장하는 데 기여한다. 몇 가지의 긍정적인 확언을 소개하면 다음과

같다.

나는 충분히 가치 있는 존재이다.

내가 가진 강점과 능력은 독특하고 소중하다.

실수는 성장의 기회이며 나는 계속 발전하고 있다.

나의 목표를 향해 나아가는 모든 노력은 가치가 있다.

나는 어려운 상황에서도 강인하게 대처할 수 있다.

나는 나 자신을 사랑하며, 존중한다.

내일은 새로운 기회와 가능성으로 가득하다.

내 인생은 나만의 아름다운 이야기이며 나는 주인공이다.

나는 나만의 가치관과 신념을 가지고 있다.

나는 주변의 지지와 사랑을 받을 가치가 있다.

나는 긍정적인 변화를 통해 더 나은 버전의 나로 성장할 것이다.

내 인생은 지금 이 순간부터 새롭게 시작할 수 있는 무한한 가능성을 갖고 있다.

나의 생각과 능력은 점차 발전하고 있다.

내 외모와 모습은 나를 독특하게 만들어 주고 아름답게 한다.

내 존재 자체가 이 세계에 큰 의미를 가진다.

나는 나 자신과 타인에게 영감과 희망을 주는 데 기여한다.

내 존재 자체가 주변에 긍정적인 영향을 미친다.

내 사랑은 무한하며 나는 주변을 따뜻하게 만들 수 있다.

나는 나와 주변의 사람들을 이해하고 받아들이는 데 열린 마음을 가지고 있다.

내가 느끼는 사랑은 주변에 퍼져 나가고, 더 큰 사랑으로 돌아온다.

나는 나와 주변의 사람들에게 관대하고 자비롭게 대할 수 있다.

내 주변에는 나를 사랑하고 지지하는 이들이 있다.

내 노력과 열정은 나를 성공으로 이끌 것이다.

나는 실패를 통해 더욱 강인해지고 더 큰 성공을 향해 나아간다.

나는 주변의 사람들에게 긍정적인 힘을 전파한다.

나는 나를 사랑하기로
결심했어

지금까지 사랑이 부족해서 외로웠다면 이제부터는 달라질 수 있다. 창백한 얼굴을 한 여성이 상담실에서 내게 이렇게 말했다.

> "엄마는 저를 사랑해 주지 않았죠. 엄마의 인생이 너무 고달파서 저까지 신경 쓸 수 없었을 거예요. 가끔 화가 나실 땐 심하게 화를 내곤 하셨어요. 그래서 엄마가 언제 화를 내실지 몰라 항상 긴장하고 살았던 것 같아요. 사랑을 느낄 수 없었어요."

다른 내담자는 이렇게 말했다.

"엄마 아빠는 사이가 늘 안 좋았어요. 제 동생과 저는 항상 불안하고 불행했어요. 두 분이 이혼할까 봐 항상 무서웠고, 저는 사랑받을 자격이 없는 애 같았어요."

그리고 우울증이 심했던 다른 한 사람은 이렇게 말했다.

"저는 남자친구를 사귀면 항상 상처받고 헤어졌어요. 제가 너무 사람을 피곤하게 하는 스타일이래요. 저는 사랑받고 싶어서 그랬는데 제가 문제가 많은가 봐요. 진심으로 사랑해 주는 사람을 못 만나봤어요. 그래서 항상 외로웠어요."

어릴 때 엄마가 돌아가셨다는 한 남성이 말했다.

"저를 좋아해 주는 여자는 없었어요. 제가 문제가 많아서 겠죠. 잘난 것도 없고 가진 것도 없어서. 여자들 앞에 가면 항상 주눅 들었어요. 믿음이 생기질 않았어요. 엄마처럼 떠나버릴 것 같아서."

사랑하는 대상을 만나게 되면 우리는 무의식적으로 상대방이 나의 결핍을 채워 줄 것이라는 막연한 기대를 하게 된다. 그래서 성인이 된 이후에 사랑은 언제나 무의식적으로 유아기적 특징을 가지게 된다. 스캇 펙은 사랑을 유아기로 퇴행하는 현상으로 보았다. 누군가를 사랑하게 되면 마치 엄마에게 사랑받으려는 아기처럼 유치해진다. 사랑하는 대상을 양육자의 모습과 동일시하면서 이상화하는 경향도 있다. 그래서 사랑하는 동안 행복감도 느끼지만 동시에 고통도 느끼게 된다. 왜냐하면 나의 애인은 나를 '완전한 엄마'처럼 사랑하지 못한다는 것을 금방 알게 되기 때문이다.

현재 내가 사랑한다는 것은 과거 어느 지점의 결핍을 채우려는 강한 동기가 있다는 사실을 인식하는 것이 필요하다. 그래서 그 결핍이 클수록 이 사랑은 점점 더 건강하지 않은 집착의 형태로 나타나고 사랑하는 대상과 스스로에게 상처를 입히게 된다. 사랑을 못 받아서 고통스러웠던 사람들은 아이러니하게도 사랑 때문에 또다시 고통받게 된다.

미혼의 남녀는 인간 발달 단계에서 사랑을 하고 결혼하는 인생의 중요한 과업을 가진 단계이다. 그래서 많은 사람이 이성의 사랑을 찾고, 그 과정에서 원치 않는 상처도 받고 절망도 경험하는 것이다. 그런데 많은 사람이 사랑에 대해 오해하고 있다. 지금 당신이 사랑이라고 생각하는 것을 점검해 볼 필요가 있다.

진정한 사랑이 아닌 '위장된 사랑'이 우리 속으로 들어와 마음을 부수고 있는 건 아닌지 살펴보아야 한다. 위장된 사랑은 살아오는 동안 형성된 왜곡된 자기 인식 때문이다. 사랑 아닌 것을 사랑으로 잘못 알게 될 때 그보다 더한 고통은 없다. 위장된 사랑은 사랑이 아니다.

어릴 때의 결핍을 완벽하게 채워 줄 대상을 밖에서 찾는다면 끝내 절망할 것이다. 그 결핍은 내 안에서 스스로 채워야 한다. 내가 나를 존중하고 내가 나를 안아 줄 수 없다면 결핍은 채워지지 않는다. 나 자신을 받아들이고 존중해 주어야 한다. 지금의 여정은 내가 나를 더 나은 사람으로 만들고 있는 중이라는 사실을 믿어야 한다.

사랑이 마음을 채울수록

마음속에 형성된 잘못된 '자기 개념'이 집착이나 탐욕, 이기적인 욕망 등을 사랑이라고 착각하게 만든다. 사랑이 채워지면 건강해지고 자신의 길을 건강하게 잘 가게 된다. '서로 사랑할 때 우리의 생활에서 어둠은 사라지고 새로운 생명의 빛이 비추어 온다'라는 구절처럼 사랑이 채워지면 무너진 마음이 회복되는 기적이 일어난다. 사람과 사람 사이에 건강한 관계를 맺고 서로 사랑하면 행복해진다. 사랑은 저절로 지속되는 감정이 아니라 우리의 의지와 노력이다.

우리는 사랑하고, 사랑하고, 또 사랑해야만 한다. 실패하더라도 포기하지 말고, 잘못된 사랑으로 상처받더라도 또다시 새로 시작해야 한다. 이제는 좀 더 건강한 사랑으로 나아가려는 의지를 가지고 다시 시작해야 한다. 포기하지 않는다면 반드시 다시 아름다운 사랑은 찾아온다. 사람의 본질이 사랑이다. 그래서 사랑이 우리 몸과 영혼을 가득 채우도록 우리의 마음을 열어야 한다.

사랑은 사랑하려는 '의지'에서부터 시작된다. 우연히 저절로 사랑이 시작된다고 생각하지만 실은 그렇지 않다. 필연적으로 사랑을 만나면 그때부터 사랑을 지키고 키워 가도록 노력해야 한다. 그러면 결핍이 채워지기 시작하고 인생은 빛이 나기 시작한다. 사랑은 우리 삶에 깊은 의미와 풍요를 불어넣는 특별한 힘이다. 사랑이 채워져야만 우리는 진정한 행복을 맛볼 수 있다. 그 행복은 외부적인 성공이나 물질적 풍요와는 구별되는, 마음 깊은 곳에서 솟아나는 놀라운 기적이다.

서로를 이해하고 지지하는 관계에서 나오는 행복은 매우 강력하다. 사랑은 우리 삶의 가장 근본적이고 높은 가치이며 우리에게 정서적인 안정을 준다. 나를 이해하고 사랑한다는 느낌은 마음의 상처를 치유한다. 사랑은 창의성과 통찰력을 촉진해 무슨 일이든 잘할 수 있게 하는 원동력이 되며 우리의 생각과 감정에 큰 영향을 미친다. 마음이 사랑으로 채워지면 세상을 향해 너그러움과 평화를 가져오고 이타적인 마음도 갖게 된다. 사랑이 채워진 사람들이 많아질수록 세상은 아름답고 평화로워질 것이다.

마음의 문을 열고
다시 걸어가는 당신에게

마음의 행복은 작은 조각들로 이루어져 있다. 마음의 평화, 소소한 기쁨, 감사의 마음과 자신과 타인에 대한 연민, 그리고 자신과 주변의 존재를 온전히 받아들이는 능력, 그런 조각들이 모여 우리의 삶을 아름답게 한다. 이 작은 조각들을 조합하면 더 큰 행복의 그림이 그려질 것이다. 우리는 마음을 탐험하며 동행했다.

앞으로도 또 다른 소중한 동행이 있을 것이다. 더 많은 소중한 만남이 기다리고 있을 것이다. 두려움 없이 서로를 향해 열린 마음으로 새로운 인연을 맺고, 함께 성장하는 경험을 나눠 보아야 한다. 모든 만남과 동행은 축복인 동시에 기적이다.

마음의 건강은 삶을 빛나게 하는 중요한 요소라는 사실을 다시금 깨닫는다. 우리의 마음은 그 무엇보다 소중하다. 외부의 성공이나 소유물로만 채워지지 않는다. 그 안에는 감정의 바다가 흐르며, 그 감정들이 건강하게 흘러야만 행복하고 풍요로운 삶을 누릴 수 있다.

나 자신을 깊이 이해하고 받아들이는 데 필요한 노력과 자기 존중감을 키우는 과정에서 삶의 향기와 의미를 찾아가는 것은 얼마나 중요한 삶의 여정인가. 지금까지의 어두운 내 마음을 털어 버리고 이제 무지개를 담고 빛을 담아 새로운 길을 나서기 시작했다. 앞으로의 삶도 우리에게 시련과 도전을 안겨 주겠지만 지금까지와는 다른 마음으로 감사할 수 있을 것이다.

감사하는 마음은 기적처럼 더 큰 세계로 우리를 안내한다. 상처받아 음울한 색채를 걷어내니 환한 빛이 들어와 마음을 밝혔다. 고통과 시련도 여전히 우리 삶에 다가오지만 이전까지와는 다른 마음가짐으로 살며 풍요로운 삶으로 이끌어갈 것이다. 시간이 지나면서 삶은 끊임없는 변화를 가져올 것이고, 우리의 마음도 점점 성장하게 된다.

성장은 지혜와 용기를 품고 있다. 흘러가는 시간과 순간들로 이루어진 우리들 삶 속에서 마음은 견고해지며 새로운 기적으로 우리를 인도할 것이다. 우리가 현재를 살아가는 동안, 그 순간들은 모두 소중하고 가치가 있다.

이 책을 통해 우리는 마음의 심연을 탐험해 왔다. 마음은 우리 삶의 무한한 세계를 여는 문이자, 감정의 파도와 생각의 숲이 공존하는 신비로운 공간이다. 마음에서 울려 나오는 것이 아름다운 선율이기를 바란다. 평범하게 살아가는 일상에서도 조화롭고 균형 있는 평안함과 행복감이 지속되기를 바란다.

폭풍우가 친 밤을 보낸 아침에는 늘 찬란한 무지개가 마음의 숲에 걸려 있길 바란다. 무지개에서 그치지 않는 아름다운 노래가 흘러나오길 바란다. 마음속은 감정의 파도로 이루어져 있다. 기쁨과 슬픔, 사랑과 분노, 이 모든 감정은 부드럽게 오기도 하고 부서지듯 심하게 오기도 한다. 이 파도를 어떻게 다스려야 할지 우리는 함께 배웠다.

마음에 상처가 새겨지면 생각은 어두워진다. 상처가 치유되면 생각은 다시 긍정적이고 희망적으로 된다. 생각은 마음의 정원을 가꾸는 물이다. 때로는 아름다운 꽃이 피어나고, 때로는 가시덤불이 우리의 앞길을 막기도 한다. 마음속에 일어나는 무수한 생각이 무의식적으로 일어나 가시덤불을 만들지 않도록 계속 마음을 통찰해야 한다는 것도 배웠다.

마음의 여정은 우리의 성장과 깊이 연결되어 있다. 자기 이해가 깊어지고, 감정의 소용돌이에 휩싸이지 않고 조용히 균형을 찾아가야 한다. 마음의 심연을 함께 탐험하고, 감정과 생각을 나누며 삶의 다양한 측면을 고찰하는 과정에서 함께한 여러분에게 감사를 전하고 싶다. 여러분 모두에게 새로운 인생의 챕터가 시작되기를 기대한다.

더 많은 경험과 사랑, 성장과 행복이 기다리고 있다. 삶은 때로는 예상치 못한 방향으로 나아간다. 그리고 그 흐름을 따라 평안히 가 보는 것이 새로운 경험과 인생의 풍요를 가져다줄 수 있다. 그 낯선 흐름에 몸을 맡기며 믿음을 갖고 나아가 보는 것이다. 마음은 끝없이 넓은 세계다.

이 책이 여러분에게 작은 창을 열어 주어 더 큰 세계를 향한 여정을 시작하는 계기가 되길 바란다. 삶의 노래는 계속되고 우리의 마음도 사는 동안 끝없는 여행을 계속할 것이다. 여러분의 마음에 이 작은 책이 조금이나마 위로와 의미가 되길 기원

한다.

우리의 모든 순간이 아름답고 소중했다.

무지개를 피우며 다시 걸어가는 그대들에게 박수를 보낸다.

나의 온 마음을 다해.

마음이 힘든 날에도
나는 나를 지키고 싶다

초판 1쇄 발행 2025년 3월 20일

지은이 강지윤
펴낸이 이지은
펴낸곳 팜파스
진행 이진아
편집 정은아
디자인 팜파스/박진희
마케팅 김민경, 김서희

출판등록 2002년 12월 30일 제10-2536호
주소 서울시 마포구 어울마당로5길 18 팜파스빌딩 2층
대표전화 02-335-3681   **팩스** 02-335-3743
이메일 growwhalebook@naver.comm

값 17,000원
ISBN 979-11-7026-704-1 (03180)